청어詩人選 503

영혼

윤오숙 시집

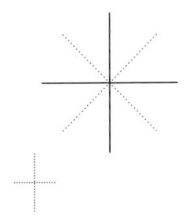

영혼

윤오숙 시집

자서

영혼 시리즈를 펴내게 돼서 기쁘다
영혼 2부터는 연을 나누어
1연은
영혼이 세상구경 하면서 보고 들은 것을
2연은
영혼이 말하는 것을 보여주었다
영혼은 시공 초월하고 붙잡을 수 없듯이
글도 한곳에 머물러 있지 않고
널리 날아가길 바란다

2025년 8월 반딧불이 고장에서
윤오숙

영혼

―영혼, 육체 속에 깃들어 생명을 부여하고
마음을 움직인다고 여겨지는 무형의 실체.
몸이 죽은 뒤에도 영원히 존재한다고 여겨진다.

1

영은 신령한 몸이고 혼은 불이다
영혼이 육체 만들어 사람 되고 싶었다
열 달 작정하고 여인 배 속 들어가
육체 창조 몰두했다
몸이 시니브로 만들어졌다
머리뼈 안으로 들어가 뇌 위에 앉았다
마음과 육체 다스리고 인도한다
순수했던 몸이 점점 자라면서 텅 빈 마음을
마약, 술, 도박, 음란, 스마트폰으로 채워가려고,
채워지지 않는 갈증에 살아간다
정신 단련하여 바른길 가라고 타일렀더니
두 눈 부릅뜨고 달려들었다
감히, 화가 머리뼈안을 가득 채웠다
이 몹쓸 육체 책보에 싸서 지구 밖으로 던지리라
불 먼저 나가고
영이 심장에서 숨을 세게 잡아당겨 쑥 빼버렸다
육체 쓰러졌다
뻣뻣해진 몸 버리고 하늘 올라갔다
시공 초월하고 보이지 않으며
창세 전에도 있었고 말세 후에도 존재한다.

2

영혼이 신께 휴가 받아 세상 구경하러
내려오다 양반 동네 유부남
유부녀가 사랑 나누는 걸 보게 되었다
발소리 죽이고 다가가 침 삼키며 엿봤다

남자가 밤 틈타 대문에서 두 손 모아 입에 대고
뻐꾸기 울음소리 냈다
여자가 두리번거리며 주위 살피더니
아무도 없는 것 확인하고 고양이 걸음으로
남자에게 갔다
그들은 순간의 열정에 사로잡혀 해서는 안 될
사랑인 줄 알면서도 전기가 전깃줄 타고 오는 속도로
인적 없는 외진 곳 찾아가
잎들이 서걱거리는 컴컴한 옥수수밭 들어갔다
누가 먼저랄 것도 없이 옷 벗고 몸 포개었다
거친 숨 몰아쉬고 야릇한 신음 토해내며
옥수수 부러지도록 뒹굴었다
뜨거운 몸 식어갈 때 흙 묻은 헝클어진 머리 쓰다듬으며
일어나려고 하는데 성기 붙어 떨어지지 않았다
놀란 토끼 눈으로 밤새 울먹이며 떼려고 애썼다
수탉이 비밀 지키겠다던 입다짐 어기고
새벽에 온 동네 소문냈다
귀를 의심한 아침이 해 켰다

동네 사람들 눈이 휘둥그레졌다
손들이 쉬쉬, 하며 식칼로 유부남 성기 내리쳤다
유부남 죽고 유부녀 살았다
여자가 죽고 남자는 살아야지
동네가 망하려나 별 이상한 일도 다 있네 쯧쯧,
동네 사람들 눈살 찌푸리며 혀 찼다.

3

여인이 피눈물 흘리며 괴로운 마음으로 탄식했다
그녀의 가슴 열어보았다

그녀는 대 종갓집 맏며느리다
증조까지 계시는 층층 시가에서 딸만 내리 낳아
구박받으며 살았다
동서들은 아들 많이 낳아 이쁨받았다
남편마저 큰 조카 보며, 니가 내 물 떠 놓을 놈이다, 하고
화 돋우었다
넷째 아이 생겨 딸일까 봐 무서워 성별 알아보기 위해
무당 찾아갔다
하루 차이라도 음력 오월이면 딸이고
유월이면 아들입니다, 무당이 말했다
조마조마했던 오월 가고 유월이 왔다
가슴 설레며 떡두꺼비 아들 기다렸다
산기가 있어 골방 들어가 낳고 보니 딸이었다
그녀는 차라리 죽어버리라고 아이를 포대기 싸서
장롱 틈으로 구겨 넣어버리고
태는 두꺼운 종이로 싸서 됫박에 담아 문밖 내놨다
시어머니가 와서 보고 깜짝 놀랐다
아니 이 년 보소, 이 년이 사람 잡네
니가 사람이냐? 지 자식 죽이려고 하다니
세상에 저런 독한 년이 또 어딨어?

망할 년 같으니라고, 하고 아이 꺼냈다
또 딸이라는 소식 듣고 시할머니도 와서 울었다
내가 어서 죽어 젯상에 밥 담아 줄 놈
하나 점지해 줄란다, 하고 태 들어보더니
어미야 이거 봐라 탯줄이 국자 모양으로 휘었다
다음에는 아들 낳겠다,
아녀라우 어미가 미안항께 탯줄을 이리 찢고
저리 찢고 했소
여기 찢은 흔적이 남아 있소,
시할머니는 시어머니 말 듣고 다시 울었다
탯줄 찢다니, 탯줄을 어떻게 찢어,
그녀는 낡은 시대가 만든 만성병인 남아선호사상에
치가 떨렸다.

4

결혼한 지 오래되었어도 아이 없는 부부가 있었다
어떻게 하고 있는지 가보았다
슬픔과 한이 맺혀 있었다

부부는 아이 가지려고 좋다는 방법은 다 해봤지만
소용없었다
그러던 어느 날 태기가 있더니 여자아이 태어났다
부부는 기뻐서 덩실덩실 춤췄다
어렵게 얻은 아이라서 지극정성으로 키웠다
여덟 살 되던 해
아이가 동네 놀러 갔다 해지도록 들어오지 않았다
백방으로 수소문해 봤지만 찾지 못했다
아내는 시름시름 앓다가 죽고 말았다
남편 혼자 오래 살았다
근처 주막 자주 찾으며 술로 아픔 달래다가
주모와 정 통했다
외로운 사람끼리 같이 살기로 했다
행복하게 살았다
문 풍지 울음 방문에 붙은 겨울밤
서로 가슴 깊이 묻어둔 사연 끄집어냈다
알고 보니 아버지와 잃어버린 딸이었다
딸은 화장실 가서 목매달아 죽고
아버지는 정처 없이 떠났다.

5

방에서 몽둥이로 마구 두드리는 소리가 났다
뭔 일인가, 하고 유리창으로 들여다봤다

산 중턱 사는 부부가 며칠 외출했다
돌아와 보니 방문 열려 있었다
문단속 철저히 했는데 이상했다
방충망은 닫혀 있었지만 밑에 구멍이 나 있었다
싱크대 밑 장판 뜯겨 있었다
아내가 갑자기 장롱 열고 이불 하나 꺼내봤다
귀퉁이에 노르스름한 마른 오줌 자국 있었다
더 이상 꺼낼 자신이 없어 남편 불렀다
밭 여기저기 둘러보던 남편이 와서 하나씩 꺼냈다
땅콩과 쥐똥이 우수수 떨어졌다
절반 꺼냈을 때 암내가 물씬 풍긴 커다란 암컷 쥐가
방으로 툭, 떨어졌다
아내는 비명 지르며 밖으로 도망가고
남편이 몽둥이 찾아와서 잡기 시작했다
눈 깜빡할 사이 숨어버렸다
가구들 옮겨가며 찾았다
등 보이다 사라지고 꼬리 보이다 없어졌다
애꿎은 방바닥만 죽도록 맞았다
반나절 씨름하고 잡았다
분수 맞게 밖에서 살았더라면 죽지 않았을 텐데

이불 속 비밀의 뜰 만들어 부 축적하고
안락하게 살려다가 몽둥이 주먹에 맞아 피 터져 죽었다
그녀의 손에 비밀의 뜰 열쇠 쥐어져 있었다.

6

큰소리 나는 집 가봤다
여인이 자식 살리기 위해 혼신의 힘 다했다

시미(시어머니)는 아퍼도 눈도 꿈쩍 안 한 년이
짜잔한 가스나그 갖고 서방 잡어먹네 걍?
시어머니가 며느리 때릴 기세로 쏘아보며 화냈다
며느리는 앉아있는 시어머니 뒤로 태평하게 누워있는
남편에게 돈 구해 오라고 다그쳤다
아이가 갑자기 죽게 되었어도 돈이 없어
병원 가지 못하고 있었기 때문이다
24시간 안에 목구멍이 점점 오그라져 막혀 죽는
시간 다투는 병이었다
며느리는 돈 빌리려고 온종일 동네 다녔었다
아무도 빌려주지 않았다
밤이 깊어지자 마음이 타들어갔다
마침 퇴근하고 들어온 시동생이 아내에게
집이 왜 이리 시끄럽냐고 물었다
사정 듣고 돈 빌려주었다
그녀는 아이 업고 옆집 가서 손전등 빌렸다
고장 났는지 희미하게 켜졌다 꺼졌다 반복했다
그거라도 비추며 정신없이 걸어 자정돼서야
병원 도착했다
아이는 거의 죽어 팔다리 축 늘어뜨렸다

의사가 병원 문 닫으려고 나오다가 그녀 보고
깜짝 놀랐다
이 늦은 시간에 뭔 일이요,
그녀는 말없이 들어가 포대기 풀어 등에서 아이 내려
의사에게 보여주고 의자에 앉아 기대었다
6·25 전쟁 때 사람이 수없이 죽고 산짐승이 많아서
해만 지면 아무도 가지 않는 크나큰 산 혼자 넘고
끊임없이 휘몰아치는 눈보라에 얼굴 맞으며
들 지나 오느라고 기진맥진했다
이 주사는 워낙 비싸서 아이에게 효과 없어도
돈 주셔야 합니다, 의사가 간호사 시켜 가져오라고 했던
주사 보여주며 말했다
보리쌀도 없어 못 먹는 시대에 쌀 두 가마 값이어서
웬만한 사람은 엄두도 못 내는 주사였다
새벽 두 시 되면 아이가 반응이 있을 것입니다
그때 저를 깨우세요, 그는 주사 놓고 자러 가려고 했다
불 끄고 가세요, 그녀는 전기세 미안해서 끄길 바랐다
아니요 불 끄면 안 됩니다 켜고 계세요
장작 몇 개만 가져오셨어도 빈방 있으니까
불 때고 계시면 되는데, 그녀가 걱정되어 말하고
복도 지나 방으로 들어갔다
병원 안은 아무도 없고 빈 침대들만 나란히 놓여 있었다
분위기가 조용하고 썰렁했다

어째 으스스해서 앉은 채로 뒤돌아보니 유리창 밖에
피 묻은 솜이 가득 쌓여있었다
그때 아이가 이상한 소리 냈다
깜짝 놀라 보니 눈 뒤집어 흰자위만 내놨다
그녀는 한 손으로 아이 눈 덮고 급하게 가서 의사
깨웠다
그는 바지 벨트 매면서 나와 아침까지 아이 치료해
살렸다
병원 밖은 눈이 쌓여있었다
집 도착했을 때 그제야 남편이 병원 온다고
자전거로 대문 나서고 있었다.

7

16살 강아지가 암과 싸우다 죽었다
사람 죽어나가는 것하고 비슷하다고
주인이 힘들어했다

평생 수술하며 살아온 강아지가 열 번 넘게
수술하고 가려는지 가쁜 숨 몰아쉬며 운다
몸이 우는 것이냐
혼이 우는 것이냐
떠나기 싫어 우는 것이냐
가는 길이 무서워 우는 것이냐
죽음의 멍에 매고 나흘 사경 헤매다가
엎드려 웅크리더니 고개를 왼쪽으로 젖힌 채
입 벌렸다 닫기를 세 번 하고
보이지 않는 자의 품으로 떨어지는구나
네 귀에 이름 넣고 불러도 꿈쩍 안 하고
눈빛 잃은 눈동자는 한 곳만 응시하는구나
누가 네 생명에 그물 놓아
피와 살이 땅으로 내려가게 하였느냐
삶과 죽음의 거리는 입 세 번 벌렸다 닫은
순간에 불과 하구나
혼 떠난 육체가 무척이나 편안해 보인다
다시는 암도 수술도 없는 곳에서 편히 쉬렴

8

여인이 가위눌려 애쓰고 있었다
일으켜 주고 싶었지만 손이 없어
안타깝게 보고만 있었다

그녀는 책 보다가 교회에서 새벽종 칠 때 자려고 누웠다
막 잠들라 할 때 덜거덕 덜거덕 소리 나서
깜짝 놀라 일어나려고 했다
웬일인지 손가락 하나도 움직이지 않았다
누군가 쇠사슬로 칭칭 감아 결박했다
숨 막히는 답답함에 미칠 것 같았다
흔들어 깨워주면 금방 일어날 것 같은데
아무리 도와달라고 소리쳐 봐도 입안에서만 맴돌았다
눈만 조금 아주 조금 떠져 봤더니 방안이 순식간
아수라장으로 변했다
덜거덕거리는 소리에 맞춰 천장이 내려왔다 올라가고
방문이 선 채로 S자로 휘어져 안으로 들어왔다 나가고
전등도 일그러졌다 펴졌다 내려왔다 올라갔다 했다
허연 옷 입은 사람의 형체가 벽으로 올라갔다
일 분이 하루 같은데 아침까지 이어졌다
공포의 도가니였다.

9

자작일촌 이루고 사는 동네 방문했다
양반이라고 거들먹거리지만 인간사 다 똑같다

동네 사람들 자부심이 대단했다
누구든지 도덕에 어긋난 행동하면 멍석말이 당하거나
쫓겨났다
다른 성씨는 살지 못했다
심부름꾼 가족만 살 수 있었다
그 가족은 동네 경조사 도맡아 했다
동네 어른이자 부잣집 주인이 남몰래
심부름꾼 아내 수시로 성폭행했다
꼬리가 길면 잡히는 법 들키고 말았다
동네가 발칵 뒤집혔다
이장이 서둘러 방송했다
아아, 마이크 실험 중입니다
알려드립니다 알려드립니다
급히 의논할 일이 있으니 지금 즉시 한 사람도 빠짐없이
회관으로 나오시기 바랍니다
긴급회의 열리고 쫓아내기로 결정했다
부잣집 부인이 고향 떠나 살 수 없다며 주저앉아
목놓아 울었다
사람들이 그녀 등 떠밀었다
한때 호령했던 큰 집만 덩그러니 남았다.

10

먹고살기 위해 애쓰는 모습이 딱했다
바나나 다 사겠다고 해도 들은 체도 안 하고
아파트 보고 소리 질렀다

바나나 가득 실은 트럭이 아파트 정문에서 외쳤다
자 지금부터 바나나
아, 델몬트 아, 델몬트 바나나
일반 시중에서 6,000 델몬트 바나나를
자 지금부터 무조건 3,000
빨리 오세요
크고 굵고 맛있는 바나나
아, 델몬트 바나나 6,000짜리를
무조건 3,000 싱싱한 바나나
크고 굵고 맛있는 바나나
아, 델몬트 델몬트 바나나 6,000짜리를
자 지금부터 무조건 3,000
가져가세요
감사합니다
몇 시간째 외쳤다
여인 두 명이 와서 한참이나 살펴보며
살까 말까 애간장 녹이다 가버렸다
해는 저물고 배고프고 목 아파 그만하고
집 가기 위해 시동 걸었다.

*노점 트럭의 방송 듣고.

11

교수의 짜증 섞인 중얼거림 들려서
교실 가봤다

한 학생이 수업 시간에 떠들었다
교수는 신경 쓰였지만 참고 강의했다
학생은 계속 떠들었다
조용히 해라, 참다못한 교수가 주의 주었다
학생이 더 큰 소리로 떠들어 교수 화나게 했다
너 창문 열고 뛰어내려,
학생이 웃으며 창으로 갔다
모든 학생들 시선이 그 학생에게 쏠렸다
교실이 팽팽한 긴장감으로 가득 찼다
학생의 손이 창문 열었다
창문 닫고 내려와, 놀란 교수가 다급하게 말했다
학생이 웃으며 내려왔다
더러워서 못 해 먹겠네, 교수가 중얼거렸다.

12

여인이 치아가 자꾸 빠진다고 얼굴은 울상으로
일그러졌고 목소리도 괴로웠다
육체 없는 것이 새삼 편하고 좋았다

몇 년 전 신경치료해서 싼 작은 어금니가
질긴 산마늘과 곰취로 삼겹살 싸 먹고
찰떡까지 씹었다고 성질내며 뿌리 놔두고
생존했던 잇몸에서 뛰어내려 혀에 나뒹굴었다
그녀는 슬펐다
떨어진 치아를 죽은 풀이 많은 사월 언덕으로
던지고 치과 갔다
어디가 불편하세요? 간호사가 물었다
오래전 씌웠던 치아가 떨어졌어요
치아 가져오셨어요?
가져올까요?
버렸는데 찾을 수 있어요
그녀는 눈이 번쩍 뜨였다
다시 붙여 쓸 수 있겠다는 희망이 생겼다
아, 해보세요
찾아와도 뿌리만 있어서 살릴 수 없어요
치아 상태 확인한 간호사가 차트에 기록하면서
말했다
그녀는 좋았다 말았다

한참 후 원장이 다가와 의자에 앉았다
염증이 많습니다
사진 찍었던 결과를 컴퓨터로 보면서 말했다
아, 해보세요
뽑아야 합니다
그가 조용히 단호하게 말했을 때는
뽑을 수밖에 없다는 것이다
다른 치과에서 뽑으라는 치아들도
살려 봅시다, 하고 치료해 주었기 때문이다
참 정직한 의사다
치료된 뿌리라서 쉽지 않겠지만 해볼랍니다
부드러움과 겸손이 겸비된 말이었다
듣기 좋았다
마취합니다
괜찮으세요?
…

잇몸으로 약 들어가는 소리가 들렸다
들어가고 있습니다
잘 닦아야 합니다
잘 닦고 있는데?
언니가 날마다 하루 1시간 닦아 치과 한 번도
안 갔다고 해서 나도 지나가는 시간 붙잡고
그 정도 닦고 있는데, 그녀는 속으로 대꾸했다

이번에는 위쪽에 합니다
괜찮으세요?
들어가고 있습니다
나이 먹으면…
세월의 무게 못 이겨 무너진다는 그의 말에
언제 이렇게 되었을까, 하고 그녀는 비통했다
다 되었습니다
마음 편하게 하세요, 하고 뽑기 시작했다
우지직, 부서지는 소리가 들렸다
깨지기도 하고, 원장이 혼잣말했다
그의 말처럼 쉽게 뽑히지 않았다
핸드피스*가 빠르게 잇따라 윙윙 소리 내며
뿌리 조각냈다
치아가 있어야 목 잡고 뺄 텐데 없으니
뿌리 조각내는구나, 그녀는 생각했다
답답한 마음으로 빨리 뽑히길 바랐다
그는 몇 번이고 손에 힘주었다
다 뽑혔나 보게 가져와 봐, 원장이 확인해 보고 싶은
목소리로 간호사에게 심부름시켰다
잠시 정적이 흐르고
이제 꿰맵니다, 말하기가 무섭게 실이 실뭉치에서
바늘귀 지나 입술 돌아다녔다
원장은 일어서고 진료의자가 그녀 일으켜 앉혔다

괜찮으세요? 괜찮으세요?
간호사가 그녀의 얼굴 살피며 물었다
그녀는 힘없이 고개 끄덕였다.

*핸드피스: 치과에서 사용하는, 모터로 작동되는 의료용 기구.
 그 모양에 따라 직선형, 반대각형, 지각형의 세 종류가 있다.

13

여인의 아픈 가슴 어루만져 주고
희망 갖고 살도록 기도해 주었다

그녀는 억척으로 살았다
사랑한다는 말 입에 달고 살던 남편이 바람피워
가슴의 벌통 건드렸다
분노 비참함 초라함 배신감이 한꺼번에 쏟아져 나왔다
죽여버려도 분이 풀리지 않을 것 같았다
그녀에게 남편은 달의 존재였다
배신감이 견딜 수 없는 괴로움으로 밀려와
방에서 몸부림치다가 죽기 위해 방문 열고 나왔다
어린 아들이 한 손에 채송화 들고
다른 손으로 햇빛 가려주고 서 있었다
엄마, 채송화 더우니까 햇빛 가려주고 있어
채송화밭 가서 엄마랑 같이 가려주자,
너는 채송화 햇빛 가려주니까 행복하니?
응,
그래, 너는 작은 일에 행복해하는데
나는 죽으려고 했다니…
그 인간이 뭐라고
갈 테면 가라지
그게 무슨 대수라고, 중얼거리며
집착과 숨 막혔던 무거운 생각 버리고
한결 가벼워짐 느끼며 다시 일어났다.

14

자식보다 자신의 이미지 더 중하게 여긴 부모는
부모 자격 없다
다 큰 자식 죽인 부모가 있어
그 잘난 얼굴 한 번 보려고 갔다

가난한 집 아들이 굶주림 견디지 못하고
사흘 굶어 담 안 뛰어넘을 놈 없다면서
잘 산 집에서 쌀가마 훔쳤다
동네 소문났다
자존심에 죽고 사는 부모가
아들 골방에 가두고 밖에서 못 박았다
쌀밥에 고기반찬, 쌀밥에 고기반찬, 하고
손톱 빠지도록 문 긁으며 울부짖었다
아버지는 아들 살리려고 했다
어머니가 끝내 반대했다
아들의 소리는 점점 작아졌다
허기로 청춘 죽었다
그제야 못 뺀 부모는 쓸데없는 자존심의 가위로
천륜 잘랐다.

15

깊은 산속 거닐었다
한밤중인데 땅 꺼지는 소리 났다
가봤다

사내가 산 몇 개 넘어 친구 집 갔다
깊은 밤 돼서야 집 오기 위해 나섰다
어디선가 여우 울었다
산 하나 넘고 둘 넘는데
시커먼 육척장신의 거구가 앞 가로막았다
누구냐 비켜라, 호통쳤지만 꿈쩍도 안 했다
비키라고 했을 텐데, 하고 주먹으로 거구 쳤다
화난 거구가 그의 허리춤 잡았다
그도 거구 허리춤 끌어 잡았다
둘이 밤새 씨름했다
날 샜다
기진맥진한 사내가 주위 살폈다
거구는 온데간데없고 몽당빗자루 하나 있었다
사내는 도깨비하고 씨름한 자신이 한심했다.

16

닐리리야 닐리리
닐리리 맘보*,
마을 사람들이 노래 부르며 보릿대 춤추었다
이간질은 아주 나쁜 것이다
어떤 경우라도 해서는 안 된다

이장 딸이 결혼했다
동네잔치 열었다
마을 사람들이 모여 춤추고 즐기면서
맛있게 음식 먹었다
구순 할머니가 씹다가 힘든 음식을 자꾸
손에 뱉었다
40대 여인이 보고 징그럽다는 표정 짓더니
할머니의 아들 집 가서 며느리에게 말했다
화난 며느리가 남편에게 일렀다
아들이 씩씩거리며 어머니 집 갔다
할머니는 아들 보자 적잖게 놀랐다
집에 밥이 없소 국이 없소
머덜라고 이장 집 가서 더럽게 먹다가
남의 입에 오르내리오,
할머니는 아무 말도 하지 않고 고개 숙였다
뭐라고 말 좀 해보시오
자식들 흉 잡아내서 속이 시원하오

열심히 살고 있는 자식들 못 잡아먹어서 안달이오?
회관이고 어디고 그렇게 가지 말라고 해도
기어이 가고,
내가 죽어버려야 속이 시원하겠소
자식들 흉 잡아내도 어지간히 내아제
성질나서 못 살겠네 진짜로,
아들은 계속 악쓰고 퍼붓다 돌아갔다
할머니가 무겁게 몸 일으켜 허청으로 갔다
제초제 찾아 먹고 삶의 끈 놔버렸다.

*〈닐리리 맘보〉 김정애 노래

17

이른 아침 신선한 공기 마시며 풀숲 거닐었다
이슬에 바짓가랑이 젖었다
아가씨의 말 할 수 없는 고통이 가슴 아팠다

아가씨가 길 가다 몹시 급한 마음으로 두리번거리며
주위 살폈다
아무도 없다는 걸 확인하고 풀숲 들어가 소변봤다
몇 개월 지났다
남자 가까이한 적 없는데 입덧하더니 점점 배 불러왔다
누가 알까 무서워 집 밖에도 나가지 않았다
고통이 큰 만큼 배도 많이 불렀다
만삭되었다
종아리가 터지면서 속에 뭔가 꿈틀거리는 것이 보였다
눈 비비고 자세히 봤다
뱀 새끼들이었다
수천 마리 새끼들이 꿈틀거리고 밖 내다보는
새끼들도 있었다
아악, 비명 지르고 기절했다
배와 종아리 절단할 수도 없고 죽을 수도 없었다
아아, 이를 어쩌나, 그녀는 손의 맥이 풀렸다
소변봤을 때 풀잎에 맺혀 있던 뱀 알이 자궁으로
들어갔다고, 사람들이 수군거렸다.

18

짝사랑하다 죽은 여인의 영혼이 울며 찾아왔다
같은 영혼 만나 반가웠다
둘이 천천히 걸어 카페, 뜰 산책, 갔다
그녀의 영혼이 산국화차 후후 불어 마시면서
하소연 늘어놓기 시작했다

그녀는 옆집 남자 짝사랑했다
남자는 키 크고 잘생겼다
남자가 눈길 한번 주지 않아도
옆집 산다는 자체만으로 행복했다
남자가 결혼한다는 얘기가 들려왔다
여자 가슴이 무너졌다
설마 했던 소문이 사실 되어 결혼했다
그녀는 그대로 주저앉아 탄식하며 울었다
끝내 마음잡지 못하고 자살했다
남자의 아내 꿈에 그녀가 붉은 치마 입고 나타나
너희들 잘 살게 놔둘 줄 아니? 하고 으름장 놨다
아내가 벌떡 일어났다
소름 끼쳤다
술 한 모금도 못 했던 남편이 먹기 시작했다
나중에는 중독되어 옥상에 널려있는 빨래 보고
난쟁이들이 춤춘다고 헛소리했다
아내가 걱정했다
결국 술빚 남긴 채 간경화로 죽었다.

19

미물도 지 새끼들 지키려고 목숨 다했다
눈물겨웠다
뱀들 태워 바다에 뿌려주었다

아이들이 산에서 놀다 밭둑길 달려갔다
부부는 밭에서 풀 맸다
독사가 풀에서 잽싸게 나갔다
남편이 호미로 찍어 두 동강 냈다
머리가 몸 버리고 힘겹게 기어갔다
부부가 예사롭지 않게 보고 따라갔다
한참 가더니 멈췄다
다시는 움직이지 않았다
이상한 느낌이 들어 땅 파봤다
새끼들이 있었다
남편이 집에서 병 가져와 독사와
새끼들 넣고 술 부었다
새끼들 있었던 자리 깊이 파서 술병 묻었다
몇 년 후 생각나서 파보니 없어졌다.

20

보름달 썰어 깍두기 담그려고 부엌에서
칼과 도마 가져오는데 싸우는 소리 들렸다
귀 곤두세우고 들었다

고딩 엄빠는 아이들과 계곡에서 물놀이하고
해 질 녘 집으로 돌아가고 있었다
저녁밥 없는데, 조수석 앉은 아내가 말했다
하면 되지
사 먹고 가면 안 돼?
돈이 어딨냐
너는 돈밖에 모르더라, 아내가 불평했다
없는데 어떡하냐
빚내서 사 먹으리?
누가 빚내서 사 먹제? 짜증 나
너도 돈 벌든가, 남편이 화냈다
그럼 낼부터 니가 육아하고 살림하고 다 해
내가 돈 벌 테니까
돈도 쥐꼬리만큼 버는 주제에 더러워서 진짜,
찰싸닥, 남편이 아내 뺨 때렸다
때려? 하 기가 막혀
야, 내려, 아내가 남편 보며 소리쳤다
그들은 차에서 내려 두 시간 가까이 치고받고 싸웠다.

21

사람 태우는 냄새 났다
달려가 보았다

부잣집 삼대독자 태어났다
동네잔치 벌였다
아이는 하루가 다르게 무럭무럭 자랐다
어느 날 행색이 초라한 노인이 찾아왔다
물 한 모금 달라 했다
부인이 물 주었다
노인은 누워있는 아이 한참 보다가 부모에게 말했다
아이가 커서 부모 죽입니다
지금 죽여야 합니다,
부모 쓰러지고 초상집 되었다
오래 앓아누웠던 부모가 결단했다
뒷산에서 여우 울고
부엉이 대숲 어디선가 구슬피 우는 밤
마당 가운데 장작 쌓았다
아이 올려놓고 한참이나 망설이다가 불 지폈다
불이 활활 타올랐다
아이는 온데간데없고 벌레가 우글거렸다.

22

달 밝은 밤
여인이 자식들 데리고 마루에 앉아
옛날이야기 해주었다

옛날 찢어지게 가난한 사람이 있었다
그가 장날 구경 갔다
양말가게 가봤는데 주인이 없었다
두리번거리며 주위 살폈다
아무도 없었다
얼른 양말 한 켤레 훔쳤다
도둑이야, 도둑놈 잡아라,
여자의 외침에 주변에서 사람들이 몰려왔다
모두 달려들어 속옷까지 다 벗겼다
사정없이 발로 차고 때렸다
알몸인 채 맞아 거의 죽게 되었다
그들은 화가 풀리지 않았는지 줄로 그의 목 묶어
온 장터 끌고 다녔다
먼데 눈이 무섭다
아무도 없는 것 같아도 어디선가 보고 있다
절대 남의 것 손대서는 안 된다.

23

오로라가 속엣말 했다
상사병 걸려 죽을 것 같다고 했다
너무 아픈 사랑은 사랑이 아니었음을*, 노래도 있다
다 잊고 살아라,고 말해줬다
그래야겠다고 고개 끄덕였다

임 그리워 못 잊어
잠 못 드는 오로라가
아픈 가슴 칼로 도려내
퇴비에 버리려고
별빛 가득한 밤하늘로 나와
형형색색 치맛자락 휘날리며
정열적으로 춤춘다
아름다운 곡선미 흐르는 춤사위로
미련을 틱틱 털어낸다
처연한 빛 울음
자유의 날갯짓한다.

*〈너무 아픈 사랑은 사랑이 아니었음을〉 김광석 노래

24

깊은 산속에서 고라니의 절절하고
애타게 부르짖는 소리가 들렸다
급하게 가보았다

새끼 낳았는데 먹을 게 없다
먹은 것 없으니 젖 나오지 않았다
빈 젖 빨다 우는 새끼들 안쓰러워 먹이 찾아 나섰다
인간들 발 닿기 전에는 천지가 먹거리였는데
이제 없다
땅거미 내릴 때 실족하여 덫에 걸렸다
고픈 배 감아버린 쇠줄
빠져나가려고 몸부림칠수록 더 조여왔다
힘겹게 비명 질러도 구해줄 사람 없다
배고픈 새끼들 눈 빠지게 기다릴 텐데
아아, 올무가 삼키려고 한다
붉게 익은 청미래덩굴 열매가 울다 지친 새끼들
눈동자 같구나
숨결이 흙 되면
그 어린 것들 누가 돌봐줄 것인가
죽음보다 더한 공포여.

25

남자가 쉴 새 없이 말벌 잡고 있었다
위험하다고 그렇게 소리 질러도
들은 척도 안 했다

그는 밭에서 일하고 있었다
누가 뒤꼭지를 바늘로 찌른 것 같았다
깜짝 놀라 보니 말벌들이 쏘고 날아다녔다
일하던 것 놔두고 집 가서 잠자리채 가져와
잡기 시작했다
사람과 벌이 피비린내 나는 전쟁 벌였다
구름 피난 가고 바람도 숨죽였다
반나절 지났다
결국 말벌들이 졌다
모두 잡았다
애벌레조차 6킬로그램 말벌집 따서 술 부었다
머리부터 가슴까지 시퍼렇게 되었다
죽다 석 달 만에 살아났다.

26

고즈넉한 시골에서 쉬고 있었다
새소리 바람 소리가 좋았다
검회색 먹구름이 몰려왔다
비닐하우스가 장대비에 인정사정없이 두들겨 맞았다

사내들이 논에서 일하고 있었다
하늘 어두워지더니 장대비 쏟아지고 천둥 번개 쳤다
그들은 일손 멈추고 집 가려고 서둘렀다
한 명은 꿈쩍도 하지 않고 그대로 일했다
사내들이 그에게 가자고 재촉했다
들은 척도 안 했다
사내들은 그를 놔두고 갔다
그는 벼락 맞았다
마을 사람들이 비 그치길 기다렸다가
까맣게 탄 시체 가져와 묻었다
날씨가 좋았는데 또 관이 벼락 맞았다
저주받은 사람이라고, 너도나도 말했다.

27

코로나19가 찾아와 전쟁 일으키겠다고 했다
인간들 다 죽이고 단일국가 세워
세계 다스리겠다고 했다
만류해도 소용없었다

피와 살 아닌 것이 뼈와 혼 없는 것이
만물의 영장 인간에게
보이는 세계와 보이지 않는 세계
전쟁 선포하고
빛없으면 볼 수 없는 폐쇄 그릇인 눈 비웃으며
버젓이 코와 입으로 들어가
긴 창으로 폐 찔러 넘어뜨렸다
사기가 하늘 찌르고
지구를 무덤 만들겠다며
전 세계로 맹렬히 확산한다
확진 환자 사망자 속출하고
텅 빈 거리, 세계 경제 무너진다
형체 있고 형상 있으면 단번에 죽여
독수리와 사자에게 던져줄 것인데
핵도 무용지물이니 탄식이 절로 난다
성숙한 시민의식 준비된 정신으로
겨울 만난 나뭇잎 수만큼 박멸하여
완전히 정복할 것이다.

28

짓궂은 농부 때문에 모처럼 웃었다

그는 땅 이천 평 천마 심었다
천마*는 한번 심으면 캘 때까지
약하지 않고 풀도 매지 않는다
그가 밭 둘러보았다
잡초가 그늘 만들 정도로 무성히 자랐다
한참 여기저기 보다가 뭔가 이상해서
앞 보니 독사가 쳐다보고 있었다
낫으로 쳤다
두 동강 났다
머리가 사나운 이빨 드러내고 노려보았다
그는 장난기가 발동했다
머리에 오줌 누었다
독사 머리도 지지 않았다
독을 오줌 줄기로 올려보내
그의 성기를 수세미만큼 붓게 만들었다.

*천마(Gastrodia elata): 난초과에 속한 여러해살이풀.
줄기 높이 1미터이며 땅속으로 긴 타원형의 덩이줄기가 뻗는다.
6~7월에 황갈색 꽃이 피며, 도란형의 삭과를 맺는다.
강장제, 신경 쇠약, 현기증 및 두통에 사용하며
우리나라, 일본, 대만, 중국 등지에 분포한다.

29

어느 집이든지 사람이 잘 들어와야 한다
잘못 들어오면 집 망한다

갓 시집온 새색시가 오기 많고 말도 많으며
탈도 많았다
기가 세서 어른들 있어도 활개 치며 다녔다
그녀가 온 뒤부터 집이 바람 잘 날 없었다
느닷없이 뱀들이 대숲 여기저기 걸쳐있고
처마 밑에도 주렁주렁 매달려 있었다
건강했던 시아버지가 갑자기 죽었다
객지에서 직장 다니던 시동생도 죽었다고 연락 왔다
돼지막 돼지들 죽어나가고
아침에 일어나 보면 닭도 한 마리씩 토방 신 벗는 곳에
죽어 있었다
매일 해괴한 일이 벌어졌다
그녀는 그 와중에도 아들들 군대 가면 고생한다고
보내지 않기 위해 그 많은 논과 밭 산 다 팔고
팔리지 않는 산 몇 개만 놔두었다
먹을 것이 없어 일꾼들 내보내고 쑥 뜯어먹으며
굶을 때가 많았다
점잖은 시어머니가 울었다.

30

늦은 새벽 신선한 공기 마시며 산책했다
기분이 상쾌했다
밭에서 혈투가 벌어졌다
피의 도가니였다

햇빛 부서지는 소리와 함께 아침이 열리고
아낙네에게 멱살 잡힌 호미가 밭으로 끌려 나왔다
풀이 호미 조롱했다
격분한 호미가 풀 죽이기 시작했다
다 죽여버리겠다고 땅 찍으며 보이는 대로 죽였다
돌 틈으로 도망가 파랗게 질려 덜덜 떨고 있는
풀까지 기어이 뽑아 던졌다
풀의 피가 고랑으로 콸콸 흘렀다
비린 피 냄새가 진동했다
풀도 눈 뒤집혀서 호미 얼굴에 인정사정없이 흙 던지고
돌 던져 쇠 이빨 오그라지게 했다
호미가 오그라진 이빨 한번 만져보더니
아예 씨를 말려버리겠다고 잔뿌리까지 다 뽑았다
온종일 싸움 말리던 아낙네의 옷이 땀으로 흠뻑 젖었다
그녀가 옷 털며 일어나 죽은 풀 모아 버리고 집으로 갔다
호미도 잔인한 부리질 쉬었다.

31

인간이 찾아와서 하소연했다
사람은 지구 형무소에 갇혀 고문당하다 죽는다고
억울해했다
맞는 말이다

그는 아침이 땅에 빛 심을 때 태어났다
시간이 대기하고 있다 긴급 체포했다
내가 뭘 잘못했다고 이러십니까?
최초의 죄인 아담의 혈통 아니었더냐? 하고
고문실로 끌고 가서 고문했다
가위로 탯줄 자르고 울지 않으면
발목 잡고 거꾸로 들어 엉덩이 때리고
뒤집고, 기고, 앉고, 일어서고, 걷는 것 시키며
서서히 죽어가는 나이와 질병을 밤낮없이 먹였다
몸은 나이 들어가고 여기저기 아픈 곳 생기며
과거와 미래 중간에서 살고 있지만 사는 게 아니라
날마다 생명이 사라져 갔다
세상일도 뜻대로 되지 않았다
사는 것이 형벌이다
지옥이 있다면 이 세상이 지옥이다
저절로 생겨 저절로 왔고 왜 존재하는지
내가 누구인지도 모르는데
왼쪽 앞가슴에 붉은 글씨로, 원죄,라는 수인 번호

적어놓고 벌받고 죽으라고 한다
피가 거꾸로 솟는다
정교한 더듬이 세워 탈출로 탐지해도 속수무책이다
시간이 삶을 죽음에게 던지고
죽음이 신에게 던질 때까지
버티고 버티고 버티며 살아가겠지,
사는 것이 무섭고 죽는 것도 두렵다.

32

여인이 고추 널었다
태양초는 날씨가 도와주지 않으면 힘들다

그녀는 고추 따서 마당에 널었다
장대비가 세차게 내렸다
하늘도 무심하지,
고추를 하우스 안 평상으로 옮겨 널고
선풍기 틀어놨다
삼 일 지나자 물렁물렁해지고 곰팡이가
검은색 하얀색 푸른색으로 군데군데 피었다
만질 때마다 깔따구들이 무리 지어
공중으로 날아가 스텝 밟으며 춤췄다
곰팡이 핀 것은 버리고
괜찮은 것만 비닐봉지에 싸서 냉동실 넣었다
비 갠 날
냉동된 고추들 마당으로 가서 덕석 깔고 누워
태양에게 헌혈하고 가죽만 남았다.

33

그들은 둘도 없는 친구다
못 믿을 세상이라서 참된 우정인지
아닌지 지켜보았다

그들의 우정은 학창 시절부터 시작되었다
그는 회사 다니고 친구는 부식 가게했다
친구는 어려우면서도 그를 가끔 해외여행 보내주고
둘이 가기도 했다
그는 친구가 자신의 재산 다 가져가도 아깝지 않다고
중얼거렸다
친구가 그에게 동업하자고 했다
큰 회사에 채소 납품하기로 계약 맺으면
돈 벌 수 있다고 큰소리쳤다
그는 쾌히 승낙했다
친구는 여러 조건 내세우며 돈 자주 요구했다
그는 자세히 알아보지도 않고 재산 다 주고
매월 월급까지 주었다
친구가 파산 신고하고 자취 감추었다
그는 돈 잃고 친구 잃었다.

34

강아지가 죽음 달라고 절규했다
죽고 싶으나 죽음이 피하여 죽지 못했다
명 길게 태어났으면 건강도 길었어야 했다

강아지 왼쪽 뒷다리가 이상해서 보니 혹 생겼다
혹이 점점 커져 주먹만 했다
암이었다
골반까지 절단해야 한다고 했다
그건 아니다 싶어 혹만 제거했다
두세 달 지나자 또 혹이 올라왔다
이번에는 대접만큼 커졌다
간지러워 핥아 터져서 피 흘렀다
수술 안 할 수가 없었다
수술하는 순간에도 혹은 자랐다
계속 반복해서 하다 보니 수술을 셀 수 없이 많이 했다
편히 보내줄까, 생각해 봤지만
초롱초롱한 눈이 불쌍해서 용기 낼 수 없었다
죽을 때까지 할 것 같다
강아지도 주인도 지쳤다.

35

부부는 맹지 사고 화병으로 몸져눕게 되었다
좋은 땅 많이 있으니 다시 알아보라고, 위로해 주었다

퇴직한 부부가 땅 보러 다녔다
몇 년 다녔어도 마음에 든 땅 찾지 못하고
진달래꽃 흘러내리는 맹지 산을 길 사용 허락받고 샀다
집 짓고 살 수 있도록 만반의 준비 마쳤다
길 주인은 인사도 반갑게 받고 명절마다 선물 받더니
점차 얼굴에 싫은 기색이 나돌았다
길 사겠다고 해도 팔지 않고 통행세 내겠다고 해도
거절했다
부부는 어떻게 해야 좋을지 몰랐다
그의 눈치만 살폈다
주인이 사사건건 트집 잡고 행패 부렸다
급기야 길 파 버리고 나무 심었다
부부는 산에 투자만 많이 하고 나올 수밖에 없었다.

36

염치없는 시부모가 있었다
자식에게 폐 끼치기가 이만저만 아니었다

갓 결혼한 부부가 도시로 분가했다
시댁에서 젓가락 두 개만 가지고 나왔다
사글세 단칸방 얻어 열심히 살았다
시부모가 시동생 올려보냈다
데리고 있으면서 학교 보내라는 것이었다
비좁은 방에서 시동생과 살며 가르쳤다
고등학교 졸업할 때쯤 또 셋째 시동생 보냈다
불평 없이 대학까지 가르쳤다
아이들 태어나고 집 늘려가니까 막내 시누 보냈다
시동생들 다 가르치고 아파트 사서 이사했다
시부모가 올라왔다
죽을 때까지 같이 살자고 했다
며느리는 깊은 속울음 삼켰다.

37

아프고 후회하는 여인이 있어 병문안 갔다

그녀는 남편이 삼시 세끼 밖에서 해결하여
편하고 좋았다
퇴직이 가까워지자 날마다 밥 차릴 일이
답답해서 죽을 지경이었다
심한 스트레스로 몸이 좋지 않아 병원 찾았다
암이라는 의사 말에 하늘과 땅이 붙어버렸다
수술하고 항암치료받으며 누워있었다
죽을병 걸려 아무것도 못 하고 누워있는 것보다
건강해서 하루 몇 번이라도 밥 차린 것이 더 낫고
밥 차려줄 남편 있는 것이 혼자 외롭고 쓸쓸하게
사는 것보다 낫다고 생각했다
살았으니까 할 수 있는 일을 왜 그리 싫어했을까
죽으면 못 하는 것을, 하고 후회했다.

38

머리 색인지 얼굴 색인지 분간 못 할 정도로
검게 그을린 여인이 고추밭에서 일했다
모자와 수건 갖다주었다

여인이 남편과 사별하고 혼자 살았다
남편이 몇 년 전 뇌출혈로 사망했다
그가 살았을 때는 트럭 타고 논과 밭 다녔고
일도 같이해서 할만했는데
이제는 운전 못 하니 걸어 다녀야 되고
짐도 리어카로 날라야 했다
모든 것이 힘들어 눈물이 절로 났다
귀신이라도 잡아 달여 먹여서 살릴 수만 있다면
백 번이라도 할 것 같았다
그녀는 잠만 집에서 자고 밭에서 살았다
옷이 흙으로 갑옷 되었다.

39

여학생이 차에 치여 공중으로 붕 떴다 떨어질 때
받아주었다

고2 여학생이 친구와 함께 홍대 미술대회
참가하기 위해 새벽에 고속터미널 가려고
횡단보도 앞에서 신호등 기다렸다
녹색등 켜져 건너고 있는데 끼익, 소리와 함께
여학생이 차 위로 높이 떴다 떨어졌다
운전자가 나와 의식 잃은 여학생 보고
도망가려고 했다
늦게까지 공부하다 집 가던 대학생이 이 장면
목격하고 구급차 불러 대학병원으로 옮겼다
여학생은 골반 골절되었다
운전자는 늦게까지 회식하고 만취 상태로
신호등 무시한 채 과속한 의사였다
우리 아들 결혼도 안 했습니다
교도소 가지 않도록 도와주세요
남편도 의사고 아들도 의사고 저도 의사
우리 집은 의사 집안입니다,
운전자 어머니가 체리 한 바구니 사 들고 와서
사정인지 자랑인지 연거푸 해댔다.

40

남자의 곱던 손이 농사짓다 개 이빨 되었다
그가 풋고추 몇 개 따와서 약하지 않았다며
먹어보라고 주었다
맛이 신선했다

그는 노후에 시골에서 맑은 바람과 밝은 달을
벗 삼아 흙냄새 맡으며 여생 즐기고 싶어
경치 좋은 곳 땅 샀다
퇴직하자마자 내려가 농사지었다
농약 대신 달걀노른자와 마요네즈 섞어
충분히 저어준 뒤 물 타서 채소에 주고
식용유와 달걀노른자 섞어 같은 방법으로 주기도 했다
오이, 가지, 참외, 수박 등등 많이 열렸다
가을 되면 배춧속 꽉 차고 무도 크게 밑들었다
고추가 탄저병 걸리기도 하지만 먹을 만큼 땄다
그는 행복했다.

41

산에서 여인의 비명소리가 들렸다
소름 끼쳤지만 가봤다

부부가 아침 대충 먹고 산에 갔다
남편이 예초기로 풀 베고
아내는 큰 밤나무 밑에서 밤 주웠다
굵고 큰 가을이 여기저기 떨어져 있었다
밤나무에 감사한 마음 전하며 줍고 있는데
남편이 모자로 머리와 어깻죽지 털며 다가왔다
땅벌 집 건드렸다고 했다
화난 땅벌들이 마구 쏘아대며 날아다녔다
아내가 수건 벗어 그의 뒤통수와 등 털어주었다
아나, 너도 당해봐라, 하고 땅벌들이 그녀의 얼굴과
머릿속 옷 속까지 파고들어 쏘았다
아악, 그녀는 손으로 온몸 털며 괴로워했다
이리 오시오, 비명 듣고 산 올라온 동네 사람이
저만치 서서 손짓했다
땅벌은 물로 도망가도 물속까지 따라가서 쏘아요
예초기로 산 풀 벨 때는 비 온 뒤에
땅벌이 날개 젖어 날지 못할 때 하는 것이지
아무 때나 하는 것 아니요, 그가 말했다.

42

여인이 애달프게 기도했다
가슴 아팠다

하나님 귀 기울이소서
언니가 뇌출혈로 쓰러져
나올 수 없는 강에 빠졌습니다
몸은 겨우 움직이지만 기억 결함이 생겨
순간에 갇혀 있습니다
금방 보고 들은 것도 잊어버리고
먹을 것도 스스로 찾아 먹지 못합니다
열심히 살아온 죄밖에 없습니다
왜 이런 일을 당해야 하는지
피맺힌 절규가 하늘에 사무칩니다
기억이 말하게 하소서
입술이 노래하게 하소서.

43

유부남이 유부녀 카페 가입하여 시간만 있으면
들어가서 서로 사랑 고백하며 즐겼다
시력이 가장 좋은 퀘이사와 함께 지켜봤다

그들은 컴퓨터 켜고 앉아 화면에 뜬 서로의 닉 보며
배우자 몰래 장난말, 낯 뜨거운 말 대잔치 열고
입이 아프도록 큰 소리로 웃으며 황홀해했다
영원히 변치 말자고 수시로 쪽지 주고받았다
그는 재산이 많고 입담도 좋았다
가는 곳마다 여자들에게 인기가 많았다
그녀는 그에게 넋이 나갔다
경제적 도움도 많이 받았다
새로움이 가슴 설레게 한다고 자주 말했던
그가 어느새 싫증 느꼈는지 말 한마디 없이
탈퇴해 버렸다
그녀는 행복했던 시간들이 아픔으로 변했다
닉네임 수없이 만들어 만사 제쳐두고 그 찾아 헤맸다
제정신 아니었다.

44

구름이 머리를 얼마나 안 감았는지 회색 어깨에
허옇게 떨어져 있는 비듬 마음먹고 털었다
눈 내린다고 아이들이 신났다
어린이집 교사가 아이들 데리고 밖에 나가
눈놀이하고 들어와서 알림장 작성했다

키즈노트 알림장

눈이 옵니다
하늘에 눈꽃이 흐드러지게 피었습니다
눈 꽃잎이 겨울바람에 흩날립니다
어른들은 근심이 가득한데
아이들은 마냥 신나고 즐겁습니다
장갑 끼고 마스크 쓰고 목도리 두르고
털신까지 신겨서 눈놀이하려고 바깥 나갔습니다
놀이터가 고양이 발자국만 있는 눈
한가득 담아놨습니다
아이들이 소리치며 눈 속으로 들어갔습니다
놀이 기구에 쌓여있는 눈 만져보고
눈싸움하고 눈사람도 만들어보았습니다
눈놀이 실컷 하고 들어왔답니다

—별님 반 교사

45

동생 무시하는 형이 있었다
사람 팔자 알 수 없고 나중에는 누가 더 잘 될지 모르니
그러면 안 된다, 고 그의 입에 말 담아주었다
듣지 않았다

형은 대기업 다녔다
자부심이 대단했다
형제들 다 잘됐는데 막내만 중장비 기사였다
형은 막내를 사람 취급 안 했다
막내도 자신이 택한 길 무턱대고 무시한 형이
원망스러웠다
매사 당당했던 그가 퇴직한 무렵 뇌출혈로 쓰러졌다
부인과 자식들 미국 가고 홀로 남았다
서럽도록 가슴 시린 나날이었다
열심히 살아 부자 된 막내가 집 근처에
작은 집 지어 형 모시고 수시로 오가며 간병했다
건강이 많이 좋아졌다.

46

느티나무 잎사귀가 운명 이겼다
운명은 이긴 자에게 굴복한다

태풍 왔다
가지가 금방이라도 부러질 것 같다
잎사귀들이 가지 부러지면 같이 죽는다고
평생 떨고 살았던 삶 이대로 죽을 수 없다며,
가지 지키기 위해 양쪽으로 에워쌌다
비바람이 몇 날 며칠 세차게 몰아쳐
잎사귀들 얼굴과 목덜미 찢고 할퀴며
입 코로 물 쏟아부어 숨도 못 쉬게 했다
악으로 깡으로 버텼다
태풍이 전 세계 강타하고 갔다
의지로 운명 이겼다
기진맥진한 잎사귀들이 햇빛으로 젖은 몸 닦으며
운명은 진자의 것,이라고 중얼거렸다
가을에게 수혈받았다
몸에 피가 돌고 풀빛 얼굴이 붉어졌다
더러는 B형간염 가진 혈액이 수혈되어
황달 걸린 노란 잎사귀도 있다.

47

남자가 중얼거렸다
선한 사람이었다

그는 병든 부모와 할머니 할아버지까지 모셨다
형제들 누구 하나 찾아오지 않고 소식도 끊어버렸다
주위에서 고생한다고 하지만 어른들 계시니 좋았다
오랜 세월 지나고 모두 돌아가셨다
그제야 형제들이 와서 집에서 나가라고 했다
그는 돈 한 푼 없이 쫓겨났다
기막힌 향기 가슴으로 내리어 우애 떠내려갔다
객지로 떠돌며 갖은 고난 겪었다
억울해서 울기만 했다
먹고살기 위해 닥치는 대로 일했다
큰 평수의 집 마련하고 아름다운 정원도 만들었다
여기저기 땅 많이 사 부자 되었다
형제들이 좋게 살자고 연락 왔다
이제 와서, 이제 와서, 하고 그는 중얼거렸다.

48

자살한 영혼이 육체 없는 세상으로 힘없이 걸어갔다
그 영혼에게 다가가 말했다
목숨은 자기 것이 아니고 신의 것이기 때문에
아무리 힘들어도 함부로 끊으면 안 된다,
들은 체도 안 하고 어깨 축 늘어뜨려 터벅터벅 걸어갔다

그는 가난한 집에서 태어나 큰 회사에 유능한 사원으로
쑥쑥 커가고 있었다
대리였다
아주 힘 있는 사람의 아들이 입사했다
심경이 복잡해지기 시작했다
선배인 그를 우습게 여기고 일 시키거나
이것저것 물어보는 일이 빈번했다
끓어오르는 화 꾹 참았다
무슨 승진이 그리도 빠른지 입사한 지 얼마 안 됐는데
과장되었다
그는 삶의 끈 놔버렸다.

49

목이 말라서 물 한 모금 떠먹기 위해 샘으로 갔다
노부부가 빨래하고 있었다
손들이 힘찼다

그들은 추워서 빨래를 날 풀릴 때까지 기다렸다가
한꺼번에 빨았다
젊었을 때 사소한 일에도 치열하게 싸웠던
날 선 신경질과 상처들 팍팍 문질러 빨았다
저, 웬수
하루에도 수천 번 속으로 욕했던 사람이지만
그래도 그 사람하고 사는 것이 혼자 사는 것보다
자식들 하고 사는 것보다 더 낫다고
용서할 수 없는 과거를 눈보다 더 희게 빨았다.

50

우애 못한 형제에게 인생 별것 아니니
좋게 살라고 타일렀다
듣지 않았다

형제가 위, 아래 논 벌었다
위 논은 동생이 벌고 형은 아래 논 벌었다
농작물 잘되면 서로 배 아파했다
동생은 가물 때 수통 막아버리고
홍수 때는 텄다
형의 농작물이 피해 입든 말든 상관하지 않았다
형제는 마주치기만 하면 싸웠다
동생이 암 걸려 젊어서 죽고
형은 늙어 죽었다.

51

괜찮은 여인이 있었다
보기에 좋아서 말년 복 주었다

그녀는 어른 섬길 줄 알고 입이 무거우며
타인에게 내색하는 일 없었다
시어머니와 남편이 큰 소리로 자주 싸웠다
모자 싸우는 것 보기가 정말 힘들었다
남편은 아내에게 폭언과 폭행 일삼았으며
경제권 쥐고 십 원 한 푼 주지 않았다
시어머니도 혹독한 시집살이 시켰다
도망가고 싶을 때가 한두 번 아니었다
말 한마디 없이 꾹 참고 살았다
세월 앞에 장사 없다더니 기고만장했던
남편이 늙어 몸이 마르고 초췌해졌다
기가 많이 죽어서인지
아내 없으면 못 살 것 같아서인지
참고 살아줘서 고맙다며 경제권 주고 잘해줬다
시어머니도 며느리밖에 몰랐다.

52

여자 좋아하고 돈 아낌없이 쓰는 남자에게
나중에는 비참하게 되니 정신 차리라고 말해줬다
듣지 않았다

아내가 암으로 고생하다 죽었다
남편은 사망 보험금 받아 여자들에게 다녔다
한 여자가 들어와 돈 빼먹고 도망갔다
그는 또 다른 여자 데리고 살았다
여자가 논 자신의 명의로 해달라고 졸랐다
원하는 대로 해주었다
역시 얼마 못 가 집 나갔다
그는 일해서 돈만 생기면 여자 찾아갔다
세 번째 여자가 들어왔다
절대 나가지 않을 테니 밭을 달라고 했다
동네 사람들이 주지 말라고 했다
세 번째 여자는 절대 나가지 않아요, 하고
큰소리치며 주었다
여자의 자취는 찾아볼 수 없었다
남은 것은 병든 몸뿐이었다
집에서 넘어져 다리 골절되어 일어나지 못해도
누구 하나 일으켜 줄 사람 없었다
제초제 먹고 죽었다.

53

돈만 아는 여자가 있었다
돈이라면 뭐든 가리지 않고 했다
돈은 먹고 살 정도 있으면 만족하고
너무 욕심내지 말라고 충고했다
귓가로도 듣지 않았다

그녀는 가난한 집에서 태어났다
부자 되는 것이 꿈이었다
아무리 열심히 일해도 생기는 돈은
얼마 안 되고 몸만 아팠다
돈 많다고 소문난 유부남 유혹해
조강지처 쫓아내고 안방 차지했다
물 만난 고기 되어 돈 마구 썼다
수십 년 호강 호식하며 살았다
그 많던 돈이 바닥났다
그녀는 늙어 병든 남편 버리고
다른 돈 많은 남자 찾아 나섰다.

54

산길 걷는데 느닷없이 비가 왔다
외딴 오두막집 보여 뛰어갔다
중년 부부가 서로 귀하게 여기고
행복하게 살고 있었다
보기에 좋았다

남편이 몸 좋지 않아 사업 그만두고
산으로 들어갔다
아내도 남편 혼자 보낼 수 없다며 같이 갔다
조그만 오두막집 짓고 살았다
달빛 흐르는 소리와 바람 소리
새소리, 고라니 짝 찾는 구슬픈 소리가
마음 평안하게 했다
자연만 있어서 좋고
공기가 고요해서 행복했다.

55

여고생에게 그러면 안 된다고 꾸짖었더니
간섭하지 말라고 화냈다

새로 오신 교생 남자 선생님이 들어왔다
여학생들 교실이 조용해졌다
앳되고 잘생긴 얼굴이 그녀들의 가슴 설레게 했다
한 여학생이 그의 마음 훔치기로 작정했다
선생님은 군대 가기 전 결혼하여 아내와
어린 자식들이 있었다
여학생이 거침없이 다가갔다
당돌하게 사랑 고백하고 죽자 살자 따라다녔다
선생님은 당혹스러워하면서 안 된다고 했지만
얄미운 도둑이 싫지 않았다
아내에게 미안하면서도 마음이 여학생에게
기우는 것은 어쩔 수 없었다
갈수록 아무것도 안 보이고 여학생만 보였다
결국 이혼하고 여학생과 결혼했다.

56

꽃만 예쁜 것 아니다
부부가 서로 생각해 주고 좋게 사는 것도
예쁘다

그녀는 고등학교 선생이었다
사랑하는 사람과 결혼했다
남편의 사업 실패로 작은 평수의
영구임대 아파트로 이사했다
부부는 서로 세워가며 존중하고
더 뜨겁게 사랑했다
성인 된 딸이 말했다
엄마 아빠 존경해요
결혼하면 엄마 아빠처럼 살고 싶어요,
부부는 힘들었어도 잘못 산 것이 아니었다고
위로받았다
다시 사업이 성공하여 잘살게 되었다.

57

80대 할머니가 온몸 떨며 파란만장한
자신의 인생 되돌아봤다
불쌍했다

그녀는 키 크고 미인이었다
중매결혼했지만 금슬 좋은 잉꼬부부였다
결혼한 지 10년 지난 어느 날부터
남편이 변해 때리기 시작했다
느닷없이 머리채 잡고 바닥에 패대기치고
발로 밟고 주먹으로 때렸다
바람났던 것이다
그녀는 평생 맞고 살아서 뒤꼭지 머리가 다 빠지고
몸까지 떨기 시작했다
죽고 없는 남편에게 이를 으득으득 갈아보지만
아무 소용이 없었다
굴뚝이 막혀 연기가 꽉 찬 숨 막히는 과거였다.

58

무지개 이야기 들으러 갔다
욕심과 죄로 인해 고통받고 죽는다는 것
다시 한번 느꼈다

여인이 자식들 데리고 앉아 쌍무지개 보며
이야기해 주었다
똑똑하게 뜬 것은 홍련이고
희미하게 뜬 것은 장화란다
장화는 애먼 소리 듣고 죽어서 부끄러워
똑똑하게 못 뜬단다
계모가 쥐 잡아 껍질 벗겨 장화 치마 속 넣고
부정 저질러 낙태했다고 소문냈단다
얼굴 들 수 없는 장화는 물에 빠져 죽고
홍련도 언니 따라 죽었단다
두 자매가 원귀 되어 고을 원님께 나타나
억울함 풀어 달라고 부탁했단다
원님이 갖은 간특 다 부렸던 계모 죽였단다
죄짓지 말고 살아야 한다.

*장화홍련전(薔花紅蓮傳): 조선 후기 작자 미상의 고전소설.

59

사과밭에서 일하고 있는 남자 가리켜
앞뒤가 꽉 막힌 사람이라고 소문이 자자했다
정말 그러한가 알아봤다

상종 못 할 사람이여, 입들이 말했다
그는 자기밖에 모르는 돈 많은 사람이었다
남은 죽든 말든 나만 잘 살면 된다고 했다
동네 사람 누구도 그와 상대하지 않았다
술 먹고 싶으면 동네 밖 나가 혼자 먹었다
미친놈 유전은 어쩔 수 없다,라고
누군가 그 집 담에 빨간 글씨로 크게 써났다
그는 보고도 꿈쩍 안 했다.

60

아가씨가 길에 주저앉아 울고 있었다
내막 알아봤다

그들은 사내 커플이었다
서로 처음 본 순간 한눈에 반했다
두 사람은 세상의 중심에 있었고
하늘도 나무도 새도 자신들 보고 노래하며 웃었다
행복한 결혼 생활 꿈꿨다
남자가 약속 장소 가다가 교통사고 냈다
세 살 여자아이가 갑자기 뛰어들어 죽었다
그는 잡혀가면서 그녀 찾았고
그녀는 하염없이 울었다.

61

사진 함부로 찍는 것 아니다
자칫 잘못했다가는 오해받기 십상이다

그는 사진 찍기 좋아했다
옆집이 낡은 집 허물고 그 자리에 새집 지었다
집이 예쁘게 지어졌다
참새가 방앗간 그냥 지나칠 일 없었다
그가 담장 너머로 한 컷 찍었다
옆집 부부가 쫓아와서 삿대질하며
사진 찍은 이유 밝히라고 다그쳤다
예뻐서 찍었다고 했다
그들은 고소하겠다고 협박했다
다음 날도 와서 악쓰고
그다음 날도 마찬가지였다.

62

키 작은 여인이 깊은 속울음 토해냈다
키 작은 것은 흉이 아니다
오히려 작은 사람이 똑똑하고 야무져
큰일 많이 한다
작다고 기죽을 것도 비웃을 것도 없다
눈물 닦아주고 싶었지만 손이 없었다

키 150도 안 된 아가씨가 184 청년과 결혼했다
고목에 매미 붙었다고, 결혼식장 다녀온
마을 사람들이 웃었다
시댁 식구들도 난쟁이라며 비웃고 무시했다
부부는 싸움이 잦았고 사이가 멀어졌다
남편이 키 크고 늘씬한 여자와 바람났다
그녀는 화장실에서 목매고 키 없는 세상으로 갔다.

63

방문 걸어 잠그고 밖에는 얼씬도 하지 않는 사람이 있다
벽으로 들어가 그의 가슴 읽어 보았다

그는 키가 200센티 장신이다
결혼하지 못했다
다행히 늦게 혼처 생겨 결혼했다
신부가 삼 일 만에 도망갔다
그의 성기가 워낙 커서 못 견디고 가버렸다고,
동네 사람들이 웃었다
그 후 그는 방에만 있었다
빛 들어오는 곳마다 신문 붙이고 모포로 덧붙였다
방이 동굴이었다
밤낮으로 수면 안대하고 누워만 있었다.

64

여인이 배신의 고통으로 몹시 괴로워했다
남녀는 애초에 자리를 만들지 말아야 한다

그녀는 일찍 혼자된 젊은 과부가 불쌍해서
친절 베풀며 가깝게 지냈다
과부는 어린 남매 키우며 공과금도 제때
못 내고 살았다
그녀는 과부를 집으로 자주 초대했고
음식 대접하며 여러 가지로 도와주었다
남편이 과부에게 눈독 들였다
과부도 마음 주고 둘이 딴살림 차렸다
그녀는 충격받고 풍만했던 몸이 뼈만 남았다.

65

다 참아도 못 참는 것이 배신이다
여인은 가슴 찢어지는 고통으로 울음 토해냈다

당신이 나한테 이럴 수가 있어?
응?
어떻게 이럴 수가 있어, 아내가 남편 보며 울부짖었다
그가 바람피웠다
돈 많은 그를 여자들이 가만두지 않았다
이혼해 이대로는 못 살아, 아내가 악썼다
콱, 남편은 주먹으로 아내 때리려고 했다
이 인간이 적반하장도 유분수지 기가 막혀서 진짜
아나, 때려라 때려,
아내가 남편에게 얼굴 들이밀었다
쾅, 화난 그가 문 부서져라 닫고 나가버렸다
죽어버릴 거야,
그녀는 문 닫고 나간 남편 향해 소리 질렀다.

66

남자가 순간의 방심으로 사고당했다
구조해 줄 사람 보내주었다

그는 벌목하기 위해 산 갔다
전기톱의 귀청 찢어지는 소리에 나무 쓰러지고
뱀 도망갔다
정신없이 나무 베다가 전기톱 켜진 것
깜빡 잊고 건너다 다리 베었다
살아야겠다는 생각으로 데굴데굴 굴러
산 밑으로 떨어졌다
마침 지나가던 사람이 도와주어
병원 입원하게 되었다
코로나19 때문에 보호자도 없이 혼자
뼛속까지 스며든 통증에 시달렸다.

67

모든 육체들의 생명의 주인은 하나님이다
마음대로 목숨 끊으면 죄 되어 지옥 간다
여인들에게 자살하지 말라고 만류했다
듣지 않았다

그는 첫째 부인과 이혼하고
두 번째 아내와 자식 낳고 살았다
아내가 우울증 걸려 고생하다 자살했다
세 번째 아내 얻었다
그녀는 애들 다섯 데리고 와서 키우면서
자주 돈 요구했다
부부는 싸움이 그칠 날이 없었다
결국 아내가 돈 다 빼앗아
성인 된 자식들에게 나눠주고 자살했다
그는 돈 한 푼 없이 살다 죽었다.

68

일일이 트집 잡고 간섭하는 시어머니에게
자식들 결혼시켰으면 잘 살기 바라고
멀리 서서 지켜보며 격려와 기도해 주어야지
가까이 가고 간섭하면 자식 가정 깨진다, 하고
말해주었다
소용없었다

며느리는 사랑하는 사람과 결혼해서 행복했다
시어머니가 같이 살자고 왔다
시집살이 시작되었다
하나부터 열까지 간섭하고 야단이었다
못 배웠다고 비웃고 무시했다
남편이 처음에는 편들어 주더니 점차
시어머니와 한통속 되어 폭력 휘둘렀다
못 견디고 이혼했다
혼자 애들 키워 결혼시키고
좋은 사람 만나 재혼하여 행복하게 살았다
전 남편은 여자 만나지 못하고 혼자 살았다.

69

여인이 세상은 사기 천국이라고
중얼거렸다

그녀는 천연 수세미 만들려고
잘 익은 수세미만 따서 껍질 벗겼다
골다공증 걸린 허연 뼈가 나왔다
끓는 물에 넣었다 빼서 말리고 있었다
휴대전화 울렸다
받아보니 웬 남성 목소리가 들렸다
남편이 죽었다고, 급하게 두 번 말하고 끊었다
기절초풍하여 발신 번호 눌러 확인해 보려다가
남편에게 문자로 생사 물었다
죽지 않고 살아 있다고 했다
별의별 사기도 다 있다.

70

여인이 수박을 시로 읊었다
즐겁게 감상했다

_수박_

과일 가게에서 푸른 별
지구 한 통 사 왔다
초록색과 검정 줄무늬 껍질이 감싸고 있는
몸통 칼로 쪼갰다
속이 불바다이다
땅이 통째로 사라지고
핵 전체가 불길에 휩싸였다
신의 진노
엄청난 재앙이다
세상 붕괴 임박했다
까맣게 탄 작은 파편들이
무더기로 군데군데 박혀있다
찬비가 서둘러 불 끄고 냉각시켰다
신선한 물로 가득 찬
행성 한 조각 베어먹으니
시원하고 달다.

71

아픔 겪고 성숙한 모습 보여준
멋진 포도나무 보았다

포도나무는 머리 없고 몸통만 있는 신체적 기형 때문에
남의 눈 피해 밭에서 산다
하루 살더라도 정상으로 살고 싶어
머리 만들어 줄 손 있는지 백방으로 알아봐도 없다
서럽도록 찰진 한,
피할 수 없는 운명이라면 받아들이고 정신 단련하여
진한 향기와 감칠맛 나는 열매 맺혀
모든 마음들에게 기쁨 주어야겠다고 다짐했다.

72

울고만 있는 소쩍새에게 한마디 했다

울지 말고 웃고 살자
울면 울 일만 생긴다
네가 웃어야 숲도 좋아하지
울고만 있으니 숲 전제가 어둡다
하늘도 때론 울기도 한다만
웃어야 복이 온다고 하더라.

73

서녘 하늘 바라보며 아름다운 노을
시로 읊어 보았다

_노을_

하늘이 연속으로 빛 닫을 때
몇 층인지 알 수 없는 구름과
색이 몇 가지인지 모를 빛이 엉키어
서녘에 모여있다
내일 아침 일찍 동녘 하늘을
우산살 모양으로 물 들리려고
의논하기 위해서다
꿈꾸는 자의 넋이다
현재에 안주하는 산천초목
어스름 번진다
암울한 미래 그리고 있다.

74

경찰차가 동네 들어오더니 어느 집으로 들어갔다
무슨 일인가, 달려가 보았다

그 집 대문 못 가서 육각형 샘 있다
아무리 가물어도 물 마른 적 없다
아들이 술 취한 아버지를 샘 한쪽 모서리에
배 닿게 걸쳐놓고 등 밟고 서서
맞은편 모서리로 훌쩍 건너가고
다시 아버지 등 위로 건너오길 반복했다
아버지는 그대로 죽었다
누가 신고했는지 경찰차 오자 아들은 도망갔다
아버지가 아들 어렸을 때부터 날마다
술 먹고 들어와 아내와 자식들 때렸다
그날도 술 취해 살림 부수고 식구들 폭행했다.

75

여인이 따라오길 잘했다고
마음속으로 웃었다

그녀는 남편이 펜션 정리하고
시골 가서 살자고 해서 속상했다
남편이 매일 설득했지만
가지 않겠다고 울었다
남편도 포기하지 않았다
둘은 날마다 싸웠다
결국 아내가 마음 접고 시골 내려갔다
남편이 경치 좋은 산 중턱에 직접 집 지었다
공기가 달았다
해거름이면 노을이 마당 웅덩이에서 놀다 갔다.

76

슬픈 노래가 들렸다
여인이 절망 둑에 앉아 불렀다

나는 뿌리 뽑힌 나무
삶이 송두리째 무너졌어
자꾸 포기만 보여
이러면 안 되는 거잖아
어떻게든 일어나야지
기운 낼 거야
뿌리가 다 공중에 떠 있는 건 아니야
땅 닿는 뿌리도 있어
그 뿌리라도 땅속 깊이 뻗어
기어이 일어날 거야.

77

부자가 욕심이 많았다
욕심은 목숨 노린다

그는 시골 부자였다
있는 재산 만족하지 못하고 더 늘리고 싶었다
대출받아 땅마다 인삼 심어 한몫 챙기고 싶었다
아내가 반대했다
듣지 않았다
그들은 피 터지게 싸웠다
아내가 집 나가버렸다
그는 계획대로 진행했다
망했다
그 많은 땅이 전부 경매로 넘어갔다
그는 화병으로 죽었다.

78

남의 물건 손대는 자가 있었다

노년을 시골에서 보내고 싶은 부부가 땅 사서
컨테이너 하나 갖다 놓고 주말마다 다녔다
퇴직하면 내려갈 작정이었다
형제들 주려고 배추 400포기 심었다
형제들이 와서 김장하고 나누어갔다
나중 먹을 것은 더 짜게 담아서 창고 넣어놨다
겨울에는 추워서 못 가고 봄 돼서야 가봤다
창고 문이 열려 있었다
항아리마다 김치 다 가져가고 오물 가득 넣어놨다.

79

열심히 살아왔던 부부가 안되었다
도와주지 못해 마음 아팠다

부부는 행복하게 살았다
아이도 태어났다
한시도 놀지 않고 열심히 일했다
잘살게 되었다
아내가 몸이 이상해서 병원 가보니 유방암이었다
살만하니 이런 일이 생겼다고, 그녀는 슬퍼했다.
항암치료 거부하고 시골로 내려갔다
열심히 운동하고 좋다는 것은 다 해봤지만
끝내 세상 떠나고 말았다.

80

아내가 배신했다
남편이 밤낮없이 울었다

그는 시골에서 살다가 도시로 올라왔다
대출받아 목이 좋은 곳에 슈퍼마켓 차렸다
장사가 잘돼서 형편이 좋아졌다
한숨 돌리려고 하는데
아내가 느닷없이 산악회 가입하여 매주 등산 다니더니
집 나가버렸다
그는 가게 정리하고 다시 시골 내려갔다
마당 어디선가 부엉이 울고
그는 방에서 울었다.

81

누구나 벗어날 수 없는 생로병사
고통받는 육체들이 불쌍했다

할머니는 자식들이 같이 살자고 해도
끝내 마다하고 혼자 살았다
건강이나 총기가 젊은 사람 못지않았다
어느 날부터 냄비나 그릇 들면 자주 떨어뜨렸다
이제 늙어서 손이 자꾸 빠지는구나, 하고 중얼거렸다
그날도 잠자기 위해 이불 깔고 있는데
평소와 달이 한쪽 어깨와 다리가 마비되고
어지러웠다
안 되겠다 싶어 옆집 사람 불렀다
119로 병원 가던 중 뇌출혈로 쓰러졌다.

82

남자가 외로워했다
친구 되어주고 싶은데 육체가 없어 어쩔 수 없었다

그는 몸이 좋지 않아 시골 내려갔다
누구하고 어울리고 싶은데 직함 때문에
권위와 위엄이 있어 보였는지 사람들이 꺼렸다
집 멋지게 지어놓고 초청해도 오지 않았다
말할 사람도 없어 입에 곰팡이가 피었다
보이는 것이 하늘이고 산이고
흔들리는 나뭇잎이었다
적적하고 한적하고 무료해 답답했다.

83

고들빼기 캐는 자매 모습에서
늦가을의 아름다움과 적막함 느꼈다

시골 사는 언니가 도시 사는 동생에게 전화했다
금방 상강이어야
서리 내리기 전에 캐야제
까딱하다가는 못 먹는다이
서리에 얼어 죽어버리면 어쩌겄냐
빨리 와갖고 캐다가 김치 담어 먹어야,
동생 부부가 만사 제쳐 놓고 빛의 속도로 왔다
복숭아나무밭이 고들빼기 천지였다
그들이 고랑 한 줄씩 앉아서 호미질할 때마다
가을 한 주먹씩 캐졌다.

84

강아지가 피 쏟으며 죽었다
가슴 아팠다

노부부는 강아지 두 마리 데리고 산 중턱에서 살았다
매일 두 번 밖에 내놔 뛰어놀게 했다
아내가 팥 심기 위해 방에서 나왔다
강아지들도 따라서 뛰어나왔다
밭 귀퉁이에서 팥 심고 있는데 한 마리가 대문 보고 짖었다
평소 바람만 불어도 짖는 강아지들이라서
별일 있겠나 싶어 신경 쓰지 않았다
분위기가 심상치 않았다
본능적으로 일어나 대문으로 갔다
크나큰 흰색 개에게 물려 죽고 있었다
견주가 대형견 두 마리 데리고 소방도로 산책하던 중
목줄 메지 않은 한 마리가 집으로 들어와 물었던 것이다
노부부는 죽은 강아지 안고 울었다.

85

더위 피해 산속 들어갔다
산뽕나무 그늘 빌려 앉아 쉬었다
바람이 나무 틈새로 불어와 속까지 시원했다

바로 앞 팽나무에 개머루 넝쿨이 휘감고 올라갔다
잠자리가 앉아 안경 고쳐 쓰고
개머루 넝쿨에 대한 논문을 잎사귀에 싣고 있었다
논문의 대강은 이러했다
간경화로 복수 찰 때 개머루 넝쿨 말려서 달여 먹으면
복수가 빠진다,였다.

86

지칠 줄 모르고 자랑하는 부부가 있었다
자랑은 좋은 것이 아니다,고 말했더니
자랑하든 말든 무슨 상관이냐고, 대들었다

부부는 자랑하는 재미로 살았다
뭐든 다 자랑이었다
큰딸 공부 잘한다고 입이 마르도록 자랑했다
딸이 커서 결혼했다
부잣집으로 시집갔고 시형제들이 의사 판사며
사위가 처갓집 올 때마다 비행기 타고 온다고
자랑했다
동네 사람들은 그 부부 좋아하지 않았으며
어쩌다 마주치면 그냥 지나쳤다
몇 년 후 딸이 시댁에서 쫓겨났다
이혼하고 어디에서 사는지도 몰랐다
더 이상 자랑하지 않았다.

87

손주들 봐주는 할머니가 몹시 힘들어했다.
얼굴에 피곤이 가득 쌓였다

아파트 앞동 사는 아들이 벌어먹기 바쁘다고
어머니에게 어린 남매 봐달라고 했다
옆동 사는 딸도 아기 부탁했다
어머니는 아침 일찍부터 저녁까지
아들딸 집 다니며 손주들 봐주었다
젊었을 때와 달리 보통 힘든 일이 아니었다
온몸이 뻐근해서 견디지 못하고
시간만 있으면 병원 다녔다
가까이 살면서 마다할 수도 없고
죽을 것 같다고, 고되다는 목발 짚고 절뚝거리며
방으로 들어가 누웠다.

88

남자가 담배 연기 길게 내뿜었다
담배 연기는 남자의 한숨이다
그의 뒷모습 지켜보았다

그는 수박농사 지었다
수박 많이 열렸다
동네 사람들이 농사 잘 지었다고 부러워했다
돈 많이 벌 것이라고 말들 하지만
농약값이 일주일에 백만 원 넘게 들어가고
인건비며 이것저것 빼고 나면 남는 것 별로 없다
그거마저 병원 갖다주고 나니 손해다.

89

긴 가뭄으로 농부의 가슴 타들어갔다
능력 있다면 비 내려주고 싶었다
보고만 있으려니 안타까웠다

부부는 이른 아침 6.1 지방선거 투표하러 갔다
맨 뒤에서 차례 기다렸다가 투표하고
고추 거름 주기 위해 밭으로 갔다
1,000주 고추가 데쳐놓은 나물 모습 하고 있었다
고추와 고추 사이 구멍 뚫어 비료 조금씩 넣고
흙 덮어주었다
흙먼지가 물 동냥하러 상향곡선 그리며 날아갔다.

90

소돔의 사과* 따 먹고 싶어 사막 갔다
먹지 못할 열매였다

신께 버림받고 세상으로부터 소외된 사막의 떨기나무
영혼이 달궈진 쇠붙이에 붙었는데
모래바람마저 때린다
탐스럽고 먹음직한 사과 열지만
속이 텅 비고 먼지 가득하여
하와도 따먹지 않는다
저주받은 열매라고, 사막 드나드는 혀들이
비웃고 조롱했다
신으로부터 버림받은 삶은
괴로움의 연속성이다
용서받기 위해 외롭고 황량한 손 모아
주야로 기도한다.

*소돔의 사과(Calotropis procera): 협죽도과 식물로
아시아, 아프리카, 오세아니아 등지에 분포한다.
성경에서는 사막의 떨기나무로 언급되며,
소돔과 고모라의 멸망을 상징하는 식물로 묘사된다.

91

인생의 쓴맛 단맛 다 겪어본 사람이
기도했다

남에게 있는 것 부러워하지 말고
내게 있는 것 감사하게 하소서
아무것도 없다고 불평하지 말고
찾아가며 감사하게 하소서
올려다보며 힘들어하지 말고
내려다보며 살게 하소서
나보다 더 힘든 사람이 있음을
나를 부러워하는 사람도 있음을.

92

산 중턱에 있는 집 갔다가 부부가
치열하게 싸워 나와버렸다

남자가 풍성하게 엎드린 햇살 등 밟고
감나무 올라갔다
잔가지 잡아당겨
홍시 하나 뚝, 따서 내려다봤다
아내와 윗집 여자가 기대 담긴 눈으로
올려다보고 있었다
누구 줄까? 잠시 망설이더니
윗집 여자에게 던져주었다
그날 밤
그 집
6·25 전쟁 일어났다.

93

서로 말하지 않고 사는 부부가 있다
그 집 생각만 해도 답답했다

교수인 그녀는 고등학교 선생과 결혼했다
부부는 서로 말이 없다
쉬는 날 집에 있어도 한마디도 안 했다
자식들 결혼시킬 때도 마찬가지였다
공기가 답답했다
퇴직 후 남편은 집에만 있고
그녀는 취미생활로 시간 보냈다
집안이 절 같았다
가끔 고양이 우는소리만 들릴 뿐이다.

94

울고만 사는 집이 있다
별난 집도 다 있다

그녀는 펜팔로 사귄 사람과 결혼했다
아이들 태어나고 그럭저럭 살았다
남편이 언제부턴가 옛 여인 잊지 못하고 괴로워하더니
시 지어 읊으면서 울고만 있었다

그리움

내 마음 몇 근 끊어 별 만들어
임의 창에 걸어 둘까나
한 점 한 점 떼어 꽃차 만들어
님의 찻잔에 띄울까나
새벽에 닭 우는 건 집집이 알아도
이내 가슴 선지피 토하는 건
그 누가 알까?

그녀는 미쳐버릴 것 같았다
남편 죽여버리고 싶었지만
애들 때문에 이러지도 저러지도 못하고

신세타령하며 울었다
뒷산에서 뻐꾸기도 울었다
울음이 집과 뒷산을 넘나들었다.

95

모녀의 사연이 가슴 아팠다
돕고 싶었으나 능력이 없다

그녀의 어머니가 쓰러졌다
암이었다
그녀는 어머니 병 고치기 위해 돈 벌려고 해외 갔다
갖은 고생하며 돈 벌었다
사기꾼에 속아 다 잃고 말았다
한시라도 빨리 어머니에게 돈 보내야 하는데
억장이 무너지고 천지가 까맸다
넋 잃고 있을 수만은 없었다
다시 일어나 일했다
어머니는 기다려 주지 않고 돌아가셨다
그녀는 충격받아 뇌출혈로 쓰러졌다.

96

오십 대 부부가 참 예쁘게 산다
그 부부 볼 때마다 즐겁다

언덕 아래 하얀 집
오십 대 주말부부가 산다
개나리는 봄 맞아 울타리를 새로 노란색 칠하고
잔디들이 녹색 페인트 칠해 놓은 마당 가운데
징검다리 돌 몇 개 놓여있다
부부는 산책하기 위해 손잡고 소방도로 올라갔다
서로 마주 보며 웃고
얘기 나누며 웃고
행복도 싱글벙글 뒤따라갔다.

97

피하는 것이 상책은 아니지만
부도덕에는 처음부터 피해 가는 것도 괜찮다
속앓이하는 아가씨가 죄인의 길에 서지 않으려고
노력하는 모습이 예뻤다

그녀는 이십 대 초반 교회 주일학교 선생이었다
주일 학생 초6 남학생에게 마음 빼앗겼다
처음에는 그러다 말겠지 했는데 점점 깊어졌다
이래서는 안 되지, 하면서 들키지 않으려고 애썼다
시간 갈수록 감출 힘 없어지고
잔기침에도 들켜버릴 것 같았다
그녀는 고민하다 눈에서 멀어지면
마음에서도 멀어지는 법,
멀리 가버리기로 결심했다
때마침 중매가 들어와 선보고 결혼해 버렸다.

98

밤이 깊어져 자려고 하는데
개 짖는 소리와 호루라기 소리가 들렸다
소리 나는 쪽으로 가보았다
여인이 호루라기 불며 산으로 들어갔다

그녀는 남편과 사별하고 어린 자식들 키우기 위해
안 해본 일 없이 숨 가쁘게 살아왔다
자식들 장성하여 결혼시키고 한숨 돌리려고 하는데
병이 찾아왔다
잊고 살았던 자신 찾아서 도시 떠나 산으로 갔다
병든 몸 눕힐 방 하나 대충 만들었다
멧돼지가 이따금씩 내려왔다
그녀는 손전등 들고 호루라기 불며 쫓아냈다.

99

예배드리기 위해 교회 갔다
가는 도중 귀한 모습 보았다

젊은 여인이 백발노인 리어카에 태우고 지나갔다
치매 걸린 시어머니 모시고 교회 가는 중이었다
소문난 효부였다
집에서 교회까지 걸어서 50분 거리
한 번도 빠지지 않고 매주 시어머니와 함께
예배 참석했다
그녀는 시어머니 대소변 받아내며
시어머니가 자주 대변을 벽에 발라도
군소리 한마디 없이 수발들었다
시어머니 복이었다.

100

긴 휴가 마치고 하늘로 돌아가면서
바람, 을 하이쿠*로 읊어 보았다

_바람_

연산군 비수
산천초목이 떠네
풋사과 뚜욱

*하이쿠(俳句, はいく): 5.7.5 음절과 키레지, 키고로 이루어진 일본의 정형시를 뜻한다.

해설

비유, 은유의 이미지 속
진리적 깨우침

―손희락(시인·문학평론가)

해설

비유, 은유의 이미지 속 진리적 깨우침

—손희락(시인·문학평론가)

1. 들어가며

윤오숙의 원고를 통독하면서 시를 쓴 본래의 의미를 유추해 보았다. 에릭 허쉬(Eric Donald Hirsch)는 『문학의 해석론』에서 말하기를 비평가도 '작품 본래의 의미를 진정으로 이해하기는 불가능하다.'고 하였다. 그 말은 글의 내용보단 저자(著者)의 심정을 체감하기 어렵다는 뜻일 것이다. 『영혼』이란 단일주제 안에서 100편의 시가 쓰여졌다. 단일주제지만 내용이 상이한 연작시 형식을 갖추었다. 비유, 은유의 이미지 속에서 공감 영역을 확대한다. 문학은 그 자체가 종교는 아니지만, 인간의 삶에 깊숙이 개입한다. 인간은 영과 육으로 구성되었다. 영혼은 실재(實在)하지만, 믿음의 수용은 개체의 자유이다. 긍정과 부정 사이엔 생 전체에 대한 책임이 뒤따른다. 영혼을 의식한 삶은 인생행보부터 구별된다. 온갖 유혹 속에서도 좌우 흔들림 없이 직진한다. 이는 한 생에서 중요한 문제이다. 윤오숙의 언어는 혼탁한 세상에서 인간의 욕망에 개

입한다. 헛된 욕망이 통제될 때, 영적 성공으로 나아갈 수 있기 때문이다. 화장터에서 소멸되는 육체는 가짜 자기이다. 사후 영생을 누릴 불멸체가 진짜 자기이다. 이 세상 욕망을 추구하는 인간에게 초월의 세계를 인식시키는 작업은 난제이다. 시인은 고민에 휩싸인다. 그가 선택한 방편이 시문학이다. 시적 언어를 통한 인간의 구원은 자의식 전환에 달려있다. 현실에서 영원을 갈망하여 사유케 하는 것이다.

2. 영혼과 육체의 관계성

영은 신령한 몸이고 혼은 불이다
영혼이 육체 만들어 사람 되고 싶었다
열 달 작정하고 여인 배 속 들어가
육체 창조 몰두했다
몸이 시나브로 만들어졌다
머리뼈 안으로 들어가 뇌 위에 앉았다
마음과 육체 다스리고 인도한다
순수했던 몸이 점점 자라면서 텅 빈 마음을
마약, 술, 도박, 음란, 스마트폰으로 채워가려고,
채워지지 않는 갈증에 살아간다
정신 단련하여 바른 길가라고 타일렀더니
두 눈 부릅뜨고 달려들었다

감히, 화가 머리뼈안을 가득 채웠다
이 몹쓸 육체 책 보에 싸서 지구 밖으로 던지리라
불 먼저 나가고
영이 심장에서 숨을 세게 잡아당겨 쑥 빼버렸다
육체 쓰러졌다
뻣뻣해진 몸 버리고 하늘 올라갔다
시공 초월하고 보이지 않으며
창세 전에도 있었고 말세 후에도 존재한다.

―「영혼 1」 전문

  영육이 결합된 존재가 인간이다. 16행에서 "영이 심장에서 숨을 세게 잡아당겨 쑥 빼버렸다" 표현한다. 죽음에 이른 정황 묘사이다. 위의 시에서 '죽음'은 중요하게 다루어진다. 호흡이 멎는 순간, 영혼과 육체는 분리된다. 18행에서 시인은 "뻣뻣해진 몸 버리고 하늘로 올라갔다." 진술한다. 영과 육체는 단일(單一)로 움직이지만, 강제 분리되는 때가 반드시 온다는 경고이다. 이 시의 결론은 인간의 죽음이 숙명임을 깨우친다. "창세 전과 말세 후"는 신의 영역인 동시에 인류 역사를 총칭한다. 시인은 독자에게 의문을 제시한다. '영과 육이 결합된 상태에서 너는 어떻게 살 것인가?' 묻는다. 죽음에 이르기 전, 삶이 중요하다는 뜻이다. 현대시는 깨달음을 중요하게 다룬다. 먼저 깨달은 시인의 의식이 독자에게 전이되는 것은 자연스럽다. 윤오숙의 시학, 그 중심엔 영혼과 내세가 있다. 육체 중심의 인간에겐 별 관심 없는 영역이지만, 신앙적 관점에서 접근하면 이보다 더 심각한 문제는 없다. "정신 단련하여 바른길 가라고 타일렀더니 / 두 눈 부릅뜨고 달려들었다." 독백한다. 인간의 욕망을 질책하는 목소리는 환영받지 못한다. 불행한 의식으로 점철된 인간은 두 귀를 막고 외치는 자에게 침묵을 요구한다. 나는 외치겠다, 깨우쳐야 한다는 시인의 소명감이 뜨겁게 느껴진다.

16살 강아지가 암과 싸우다 죽었다
사람 죽어나가는 것하고 비슷하다고
주인이 힘들어했다

평생 수술하며 살아온 강아지가 열 번 넘게
수술하고 가려는지 가쁜 숨 몰아쉬며 운다
몸이 우는 것이냐
혼이 우는 것이냐
떠나기 싫어 우는 것이냐
가는 길이 무서워 우는 것이냐
죽음의 멍에 매고 나흘 사경 헤매다가
엎드려 웅크리더니 고개를 왼쪽으로 젖힌 채
입 벌렸다 닫기를 세 번 하고
보이지 않는 자의 품으로 떨어지는구나
네 귀에 이름 넣고 불러도 꿈쩍 안 하고

눈빛 잃은 눈동자는 한 곳만 응시하는구나
누가 네 생명에 그물 놓아
피와 살이 땅으로 내려가게 하였느냐
삶과 죽음의 거리는 입 세 번 벌렸다 닫은
순간에 불과하구나
혼 떠난 육체가 무척이나 편안해 보인다
다시는 암도 수술도 없는 곳에서 편히 쉬렴

―「영혼 7」 전문

　질병에 시달리는 육체적 고통을 객관적 상관물로 표현한다. "16살 강아지의 죽음"과 사람의 죽음은 본질 면에서 동일하다. 이 시는 "강아지의 죽음"을 통해서 존재의 본질을 응시하도록 유도한다. "가쁜 숨 몰아쉬는" 현상을 내밀히 들여다보면, 존재론적 허무에 도달한다. 삶과 죽음은 마지막 순간까지 동행한다. 때와 시기는 다르지만, 인간은 질병의 고통을 경험한다. "10번 넘게 수술했다"는 강아지의 고통은 죽음으로 종결된다. 시의 독자는 단박에 알아차린다. 개의 고통을 사람의 죽음으로 변용시켜 수용한다. "다시는 암도 수술도 없는 곳에서 편히 쉬렴." 기도로 떠나보내는 슬픈 정황을 인간은 수없이 체감한다. "쉰다"는 표현은 영과 육의 분리를 뜻한다. 인간에게 적용하면 생을 살아낸 보상으로 주어진 진정한 안식이다. 윤오숙의 언어는 패러독스(paradox)이다. 인간의 의식에서 두 세계가 충돌한다. 쾌락적 욕망 없이 무슨 재미로 살 수 있을까? 라는 의문이 생기겠지만, 그의 시를 건성으로 읽어서는 안 된다. 이미지에 내장된 의미를 추적해야 한다. 하늘의 비밀과 영원의 공간을 시 속에 은폐시켜 놓았다. 1연 2행에서 개의 죽음은 "사람이 죽어나가는 것하고 비슷하다."고 말하고 있다. 시인도 질병의 고통 속에서 비명을 지른 유경험자인지도 모른다. 지구상에서 일어나는 모든 죽음은 동일하다. 죽음으로 가는 과정에서 질병의 고통을 피할 수 없다.

3. 사회의식 - 요지경 세상 속 육체적 사랑

시인은 자서에서 시를 두 단락으로 나누었다 소개한다. 1단락은 영혼이 세상 구경을 하면서 목도한 내용들이다. 2단락은 세상구경한 영혼이 하늘로 돌아가기 전 인간에게 전하는 말이다. 윤오숙의 시적 발상, 시적 상상력은 종교성에 바탕을 둔 것은 분명하다. 시에서는 하나님이 언급되지만, 어떤 종교를 믿는다고 독백하지 않는다. 시를 읽는 독자의 상상에 맡길 뿐이다.

결혼한 지 오래되었어도 아이 없는 부부가 있었다
어떻게 하고 있는지 가보았다
슬픔과 한이 맺혀 있었다

부부는 아이 가지려고 좋다는 방법은 다 해봤지만
소용없었다
그러던 어느 날 태기가 있더니 여자아이 태어났다
부부는 기뻐서 덩실덩실 춤췄다
어렵게 얻은 아이라서 지극정성으로 키웠다
여덟 살 되던 해
아이가 동네 놀러 갔다 해지도록 들어오지 않았다
백방으로 수소문해 봤지만 찾지 못했다
아내는 시름시름 앓다가 죽고 말았다
남편 혼자 오래 살았다
근처 주막 자주 찾으며 술로 아픔 달래다가
주모와 정 통했다
외로운 사람끼리 같이 살기로 했다
행복하게 살았다
문풍지 울음 방문에 붙은 겨울밤
서로 가슴 깊이 묻어둔 사연 끄집어냈다
알고 보니 아버지와 잃어버린 딸이었다
딸은 화장실 가서 목매달아 죽고
아버지는 정처 없이 떠났다.

—「영혼 4」 전문

이 시의 내용은 충격적이다. 시적 상상력으로만 짜인

이미지는 아니다. 아내와 사별 후 결혼한 대상이 과거 "잃어버린 딸"이었다는 비극적 사건은 지구상에서 실제로 발생했었다. 왜 시인은 비극적인 사건을 재조명했을까? 현 사회와 인간을 바라보는 자의식이 비관적인 때문이다. 아버지와 딸의 사랑은 '실종'이란 불가피한 측면도 있지만, 인간 타락의 극치를 묘사한다. 친인척 간 육체적 관계, 친딸 성폭행하여 임신시킨 사건도 미디어 뉴스로 전해진다. 영혼의 세상 구경은 화자가 체험한 세상현실과 맞닿아 있다. 성결해야 할 영혼은 전적 타락하여 육체적 쾌락만을 추구하는 시대이다. 시인은 이 세상을 끌어안고 흐느낀다. 타락한 인간의 심적 정화와 내적 통찰을 갈망한다.

유부남이 유부녀 카페 가입하여 시간만 있으면
들어가서 서로 사랑 고백하며 즐겼다
시력이 가장 좋은 퀘이사와 함께 지켜봤다

그들은 컴퓨터 켜고 앉아 화면에 뜬 서로의 닉 보며
배우자 몰래 장난말, 낯 뜨거운 말 대잔치 열고
입이 아프도록 큰 소리로 웃으며 황홀해했다
영원히 변치 말자고 수시로 쪽지 주고받았다
그는 재산이 많고 입담도 좋았다
가는 곳마다 여자들에게 인기가 많았다
그녀는 그에게 넋이 나갔다

경제적 도움도 많이 받았다
새로움이 가슴 설레게 한다고 자주 말했던
그가 어느새 싫증 느꼈는지 말 한마디 없이
탈퇴해 버렸다
그녀는 행복했던 시간들이 아픔으로 변했다
닉네임 수없이 만들어 만사 제쳐두고 그 찾아 헤맸다
제정신 아니었다.

—「영혼 43」 전문

  2000년대 이후, 인터넷 카페는 무수한 불륜커플을 탄생시켰다. 즉흥적인 사랑의 부작용은 가정파괴로 이어져 사회문제가 되었다. 2연의 내용들은 만남에서 이별까지, 불륜도 사랑이라는 착각에서 고백이 남발되었다. 과연 사이버 공간에서 은밀한 교제가 정상적인 사랑일까 의문을 갖게 된다. 시인은 연인들을 주시한다. 1연 3행에서 "시력이 가장 좋은 퀘이사."가 등장한다. '준성'으로 호칭되는 퀘이사의 밝기는 최대 태양의 700조배라고 한다. 퀘이사를 행간에 안치시킨 것은 놀랍다. 내 시력은 부정확하지만 퀘이사는 정확하다는 인식이다. 불륜은 사랑이 아니라는 자의식의 표출이다. 과정이 진술되었다. 참으로 요지경 세상이다. 화자의 시에 등장하는 다수의 이미지는 정상궤도를 이탈한 사랑을 겨냥한다. 동시에 육체적 불륜행위가 영적 손실로 연결된다는 경고를 던져준다. 이 시의 마지막 줄, "제정신 아니었다."는 표현은 물질적 손실보단 영적 손실을 부각시킨다. 인간이 허비한 시간은 고귀하다, 생은 단회성인 때문이다. "영원히 변치말자"는 연인의 약속은 언약 전부터 부도난 수표이다. 유한한 삶엔 영원성이 존재하지 않는다. 사후 영원을 만끽하는 것은 육체가 아니다. 신의 본성과 본질을 닮은 영혼이다. 고로 영원으로 회귀하기 전, 이 세상에 머물러 있을 때, 정신 바짝 차려야 한다. 기회 있을 때, 반성의 도정(道程)에 들어서야 한다.

영혼이 신께 휴가받아 세상 구경하러
내려오다 양반 동네 유부남
유부녀가 사랑 나누는 걸 보게 되었다
발소리 죽이고 다가가 침 삼키며 엿봤다

남자가 밤 틈타 대문에서 두 손 모아 입에 대고
뻐꾸기 울음소리 냈다
여자가 두리번거리며 주위 살피더니
아무도 없는 것 확인하고 고양이 걸음으로
남자에게 갔다
그들은 순간의 열정에 사로잡혀 해서는 안 될
사랑인 줄 알면서도 전기가 전깃줄 타고 오는 속도로
인적 없는 외진 곳 찾아가

잎들이 서걱거리는 컴컴한 옥수수밭 들어갔다
누가 먼저랄 것도 없이 옷 벗고 몸 포개었다
거친 숨 몰아쉬고 야릇한 신음 토해내며
옥수수 부러지도록 뒹굴었다
뜨거운 몸 식어갈 때 흙 묻은 헝클어진 머리 쓰다듬으며
일어나려고 하는데 성기 붙어 떨어지지 않았다
놀란 토끼 눈으로 밤새 울먹이며 떼려고 애썼다
수탉이 비밀 지키겠다던 입다짐 어기고
새벽에 온 동네 소문냈다
귀를 의심한 아침이 해 켰다
동네 사람들 눈이 휘둥그레졌다
손들이 쉬쉬, 하며 식칼로 유부남 성기 내리쳤다
유부남 죽고 유부녀 살았다
여자가 죽고 남자는 살아야지
동네가 망하려나 별 이상한 일도 다 있네 쯧쯧,
동네 사람들 눈살 찌푸리며 혀 찼다.

—「영혼 2」 전문

불륜 커플의 '복상사' 사건을 다루었다. 남성의 성기 절단 정황도 환기시킨다. 요지경 세상 속에서 발생한 충격적인 사건이다. 여성에 의한 성기 절단 시도는 최근에도 발생했다. 시의 독자는 미디어 기억을 재생시키면서 이 시를 읽을 것이다. 2연에서 "유부남은 죽고 유부녀는 살았

다."고 진술한다. 화자가 여성이어서 동성 편에 선 것은 아니다. 사건정황을 보면 누가 죽고 누가 살아난 것은 중요하지 않아야 한다. 2연 16행에서 "온 동네에 소문을 낸 건 약속을 어긴 수탉이다." 두 사람이 함께 죽었으면, 이 사건에 대한 여론의 저울추는 평행을 유지했을지 모른다. 죄를 지으면 반드시 천벌을 받는다는 정도에서 마무리되었을 것이다. 시인의 눈은 편파적 의식을 향한다. 2연 22행에서 "여자가 죽고 남자가 살아야지" 하는 동네 사람들의 편파적 의식에 충격을 받는다. "동네가 망하려나." 하는 사람들 중엔 여성도 끼어 있을 것이다. 인간의 생명은 성별 초월하여 동일한 가치를 형성한다고 외치고 싶은 표정이다. 이 세상은 양성 간 의식의 변화과정을 거쳤다. 사회적 분위기는 동등하다. 오히려 남성이 비하 된다 주장하는 역차별 목소리도 듣게 된다. 이 세상은 양성평등을 부르짖고 있지만 내용면에서는 차별이 존재하고 있음을 이 사건은 증명한다. 영혼이 목도한 성기절단사건과 죽음을 다룬 내용은 무서운 상상이며 잔인한 구성이다. 빗나간 사랑에 대한 경고, 특히 여성비하는 차단되어야 한다는 것이 시적 메시지이다. 윤오숙은 인간의 의식에 침을 놓는다.

4. 절망의 현실 속에서 영혼 위주로 살기

단일주제 안에서 소주제별 연작시 구성은 흔치 않다.

화자는 100편의 연작시로 시집을 상재한다. 한국문단에 데뷔한 시력(詩歷)에 비해서는 흡족한 성과이다. 이런 형식의 작품집은 희소(稀少)하여 높이 평가할 만하다. 시는 이미지다. 전연으로 짜였거나 2연으로 구성된 것은 메시지의 각인효과를 극대화시킨다. 시인은 언어를 다루는 연금술사이다. 시인의 언어적 기교에 흡입된 독자는 카타르시스를 체감하게 된다.

자살한 영혼이 육체 없는 세상으로 힘없이 걸어갔다
그 영혼에게 다가가 말했다
목숨은 자기 것이 아니고 신의 것이기 때문에
아무리 힘들어도 함부로 끊으면 안 된다,
들은 체도 안 하고 어깨 축 늘어뜨려 터벅터벅 걸어갔다

그는 가난한 집에서 태어나 큰 회사에 유능한 사원으로
쑥쑥 커가고 있었다
대리였다
아주 힘 있는 사람의 아들이 입사했다
심경이 복잡해지기 시작했다
선배인 그를 우습게 여기고 일 시키거나
이것저것 물어보는 일이 빈번했다
끓어오르는 화 꾹 참았다
무슨 승진이 그리도 빠른지 입사한 지 얼마 안 됐는데
과장되었다

그는 삶의 끈 놔버렸다.

─「영혼 48」 전문

　스스로 목숨을 포기한 존재가 등장한다. 자살예방의 핵심은 올곧은 자의식 형성에 있다. "목숨이 자기 것이 아니고 신의 것"이라는 종교적 인식이다. 현실에 적응하지 못해 자살에 이르는 사유는 다양하다. 이유 없는 죽음은 없다. 경제적 실패와 빈곤, 사랑의 갈등 문제가 비극의 원인이다. 현재를 산다는 것은 언제나 치열할 수밖에 없다. "가난한 집에서 태어나 큰 회사의 유능사원이 된 것"은 일부분 꿈의 실현이며 성취이다. 인간의 욕망은 끝이 없다. 삶에서 자족과 감사가 사라졌다. 현시대 자살의 특징은 혼자 죽지 않는다. 온 가족의 생명을 강탈한다. 대한민국은 연간 500건의 자살사고가 발생한다는 통계가 있다. 참으로 안타깝다. 이 세상을 주시하는 시인의 눈은 예리하다. 사회적 사건사고를 분석하여 창작의 모티프로 삼는다. 이 시는 외적 성공이 삶의 전부가 아니라는 메시지가 안착되었다. "힘없이 걸어갔다.", "터벅터벅 걸어갔다", "삶의 끈 놔버렸다." 등의 표현은 감각적 효과를 노린 시적 전략이다. 시의 이미지와 시를 대하는 독자의 현실이 유사할 때, 시적효용은 극대화된다.

우애 못한 형제에게 인생 별것 아니니
좋게 살라고 타일렀다
듣지 않았다

형제가 위, 아래 논 벌었다
위 논은 동생이 벌고 형은 아래 논 벌었다
농작물 잘되면 서로 배 아파했다
동생은 가물 때 수통 막아버리고
홍수 때는 텄다
형의 농작물이 피해 입든 말든 상관하지 않았다
형제는 마주치기만 하면 싸웠다
동생이 암 걸려 젊어서 죽고
형은 늙어 죽었다.

―「영혼 50」 전문

 세상 구경을 한 "영혼"이 들려주는 말이다. 영혼의 조언이기도 하고, 시인의 목소리이기도 하다. 형제간 재산 분쟁, 물질 위주의 싸움은 한 가문의 분탕질이다. "논을 두고 다투었다" 진술되었지만, 이 싸움은 세상 모든 물질적 다툼을 상징한다. 결론은 "젊어서 죽고, 늙어서 죽었다." 이다. 젊어서 죽든, 늙어서 죽든, 논을 잃어도 죽고, 논을 차지해도 죽는다는 메시지는 충격적이다. 재산 다툼이 육적 문제라면 죽음은 영혼의 문제이다. 육적 다툼, 이기적

탐욕 문제는 분생의 본질이 될 수 없다는 깨우침을 던져 준다. 시인의 목소리는 가짜 자기와의 숙명적 싸움을 응원한다. 영적 싸움은 존재론적 성찰이 무기이다. 지혜로운 자는 자신과 싸워 욕망을 통제하고, 어리석은 자는 타인과 싸우느라 생의 시간을 허비한다. 시간의 본질을 사유한 영혼 위주의 삶은 과연 무엇일까? 시집 전체를 단일주제로 엮어나가는 윤오숙의 목소리에서 찾아야 할 것 같다. 그는 인간을 사랑해서 시를 쓴다.

5. 종교적 의식 — 생명의 주인 인식하기

생의 기본자산은 신앙이며 하나님이다. 불교를 믿는다면 부처님이 될 것이다. 삶에서 신앙 유무는 중요하다. 학벌, 가문, 경제력보다 선행된다고 인식한다. 신앙 없는 성공, 믿음 없는 소유는 매우 위험하다. 그 이유는 궁극적 목적지를 이탈하여 방황하기 때문이다. 화자의 시정신은 확고한 신앙에서 출발한다. 소주제 100편은 자신이 보고, 듣고, 느낀 것의 총합이다.

모든 육체들의 생명의 주인은 하나님이다
마음대로 목숨 끊으면 죄 되어 지옥 간다
여인들에게 자살하지 말라고 만류했다
듣지 않았다

그는 첫째 부인과 이혼하고
두 번째 아내와 자식 낳고 살았다
아내가 우울증 걸려 고생하다 자살했다
세 번째 아내 얻었다
그녀는 애들 다섯 데리고 와서 키우면서
자주 돈 요구했다
부부는 싸움이 그칠 날이 없었다
결국 아내가 돈 다 빼앗아
성인 된 자식들에게 나눠주고 자살했다
그는 돈 한 푼 없이 살다 죽었다.

—「영혼 67」 전문

 첫 연에서 "생명의 주인은 하나님이다." 선언한다. "마음 대로 목숨 끊으면 죄 되어 지옥 간다." 깨우친다. 대조법으로 해석하면 절대자의 뜻대로 살면 천국 간다는 외침이다. 둘째 연의 내용은 비참한 결과의 나열이다. 시인은 기독 정신으로 천착한다. 현시대 병든 의식의 치유는 창조주와 피조물의 관계를 재설정하는 데 있음을 의식한다. 그는 언어유희로 시를 쓰지 않는다. 시적 언어를 통한 인간의 구원이 유일한 목표이다. 인간은 자기 운명을 직관한다. 세상을 운용하는 타력이 존재한다는 것도 인식한다. 그러나 절대자가 자신의 주인이며 하나님이라고 고백하기를 망설인다. 생명의 주인을 인정하는 그 지점이 인생 성공의 출발점이다.

　서로 말하지 않고 사는 부부가 있다
　그 집 생각만 해도 답답했다

　교수인 그녀는 고등학교 선생과 결혼했다
　부부는 서로 말이 없다
　쉬는 날 집에 있어도 한마디도 안 했다
　자식들 결혼시킬 때도 마찬가지였다
　공기가 답답했다
　퇴직 후 남편은 집에만 있고
　그녀는 취미생활로 시간 보냈다
　집안이 절 같았다
　가끔 고양이 우는소리만 들릴 뿐이다

　―「영혼 93」 전문

21세기 인간은 고독하다. 심적 우울증에 시달리다 생을 포기한다. 이 시에서 "서로 말하지 않고 사는 부부."가 등장한다. 이 시의 발상은 말 대신 쪽지로 소통한 어느 부부인 것 같다. 냉랭한 부부의 모습은 어느 지역이나 한 가정에 국한되지 않는다. 대다수 인간이 입을 굳게 닫고 침묵으로 살아간다. 마음과 마음에 소통의 길이 있지만, 그 통로가 막혀 있다. 그래서 각 가정에 애견, 애묘가 등장한다. 사람과 사람의 대화 단절이 빚은 기이한 현상이다. 시인은 결미에서 말한다. "가끔 고양이 우는 소리만 들릴 뿐이다." 부부간 대화 단절은 불륜으로 가는 시발점이다. 절대자가 공급하는 진리적 에너지가 넘쳐야 자기 남편, 자기 아내를 사랑하게 된다. 기독교의 계명 첫째는 하나님 사랑이며 둘째는 인간 사랑이다. 대신 관계가 회복되지 않으면 대인관계 사랑은 불가능하다. 신세대의 결혼 기피, 결혼 포기의 원인은 상대에 대한 불신과 두려움 때문이다. 신앙적 시각으로 세상을 바라보면 기형적으로 건설되었다. 거룩한 파괴 후, 재시공만이 영혼의 살길이다. 윤오숙은 세상 현실을 환기시킨다. 표제를 『영혼』으로 붙인 것도 영혼의 주인을 인식시키려는 애절한 몸짓이다.

6. 나가면서

긴 휴가 마치고 하늘로 돌아가면서
바람, 을 하이쿠로 읊어 보았다

_바람_

연산군 비수
산천초목이 떠네
풋사과 뚜욱

—「영혼 100」 전문

    세상 구경 나온 영혼의 휴가가 끝이 났다. 하늘로 돌아가는 영혼은 인간에게 말을 건다. 말의 내용은 한 권의 시집으로 남았다. 영혼은 하늘로 돌아가지만, 시인은 아직 할 말이 많다. 동시대 인간을 사랑하기 때문이다. 하이쿠 작법 규칙에 의해서 5·7·5 음수율을 적용한 시의 내용에 주목해보자. "연산군 비수"는 예고 없는 죽음을 의미한다. "산천초목"은 모든 인간을 총망라한다. "풋사과 뚜욱"이란 표현은 무섭고 두렵다. 죽음은 운명이며 일정한 순서가 없다는 뜻이다.

    소주제 100편은 방대한 내용이다. 생에서 보고, 듣고, 느낀 것의 총합이다. 시인 윤오숙은 이미지 메이킹을 위해 함축적, 암시적 언어를 취택하였다. 신앙 유무를 초월하여 반복 음미하면 정신이 번쩍 들 것 같다. 한정된 지면 탓에 글을 줄인 아쉬움도 있음을 밝히면서 인연 닿는 독자의 정독을 권한다.

영혼

윤오숙 지음

발행처	도서출판 청어
발행인	이영철
영업	이동호
홍보	천성래
기획	육재섭
편집	이설빈
디자인	이수빈	구유림
인쇄	정우인쇄

등록　1999년 5월 3일
　　　(제321-3210000251001999000063호)

1판 1쇄 발행　2025년 9월 10일

주소　서울특별시 서초구 남부순환로 364길 8-15 동일빌딩 2층
대표전화　02-586-0477
팩시밀리　0303-0942-0478
홈페이지　www.chungeobook.com
E-mail　ppi20@hanmail.net

ISBN　979-11-6855-372-9(03810)

본 시집의 구성 및 맞춤법, 띄어쓰기는 작가의 의도에 따랐습니다.
이 책의 저작권은 저자와 도서출판 청어에 있습니다.
무단 전재 및 복제를 금합니다.